Carl Kröger

Statistische Darstellung der Grafschaft Schaumburg

Carl Kröger

Statistische Darstellung der Grafschaft Schaumburg

ISBN/EAN: 9783743353510

Hergestellt in Europa, USA, Kanada, Australien, Japan

Cover: Foto ©ninafisch / pixelio.de

Carl Kröger

Statistische Darstellung der Grafschaft Schaumburg

Statistische Darstellung

der

Grafschaft Schaumburg

von

Carl Kröger,
Regierungs-Assessor zu Rinteln.

Herausgegeben vom Vereine für hessische Geschichte und Landeskunde.

Kassel, 1861.

Im Commissionsverlage von August Freyschmidt.
(Früher Bohné'sche Buchhandlung.)

Vorwort.

Als ich bei meiner Hierherkunft fand, daß die hiesigen Verhältnisse von denen in den übrigen hessischen Landen, in welchen ich früher beschäftigt war, sich wesentlich unterschieden, die Umstände es aber mit sich brachten, daß ich rasch mit denselben bekannt werden mußte, vermißte ich gar sehr eine statistische Hauptübersicht über den hiesigen Bezirk und mußte auch später oft deren Mangel empfinden. Es war zwar eine statistische Darstellung der Grafschaft Schaumburg von meinem Vorgänger, dem Regierungs-Assessor Avenarius, vorhanden, welche mit umfassender Gründlichkeit fast alle wissenswerthen Momente zusammengestellt enthielt, auch fehlte es in den Akten der Regierungs-Commission nicht an schätzbarem Material, um sich in vielen Punkten eine Uebersicht zu bilden, und endlich gelangten Seitens der Commission für statistische Angelegenheiten zu Cassel von Zeit zu Zeit Zusammenstellungen einzelner Daten anher. Allein die Statistik von Avenarius war bereits vor 20 Jahren aufgestellt und es leuchtet ein, daß sich in diesem Zeitraume die Mehrzahl der Zustände wesentlich geändert hatte; die Akten der Regierungs-Commission verfolgten aber immer nur einzelne, besonders wissenswerthe

Momente und waren daher so wenig, wie die vereinzelten Mittheilungen der Commission für statistische Angelegenheiten zu Cassel im Stande, den Mangel einer Gesammtübersicht über die Verhältnisse der Grafschaft zu ersetzen.

Deshalb entschloß ich mich alsbald, nachdem mir häufige Reisen Gelegenheit gegeben hatten, alle Theile des Bezirkes aus eigner Anschauung kennen zu lernen, eine neue Statistik der jetzigen Verhältnisse der Grafschaft Schaumburg zu entwerfen, bin aber erst jetzt damit zu Ende gekommen, weil die nöthigen Vorarbeiten, namentlich die Sammlung des Materials, äußerst zeitraubend waren. Ich habe bei der Darstellung da, wo solches anging, die Statistik von Avenarius zu Grunde gelegt, das übrige Material aber, insoweit ich es nicht in den hiesigen Akten fand oder durch eigne Anschauung und Besprechung mit den Bewohnern der Grafschaft sammeln konnte, auf deshalbiges Ersuchen von den Behörden und Privaten mit dankenswerther Bereitwilligkeit mitgetheilt erhalten und hoffe, daß die Darstellung, wenn sie auch an manchen Irrthümern leiden wird, im allgemeinen wenigstens der Wahrheit nahe kommt. An Zeit und Mühe habe ich mindestens Nichts gescheut, um dieses Ziel zu erreichen.

Rinteln, am 1. Mai 1860.

Kröger.

Inhaltsverzeichniß.

I.

Einleitung.

Die Grafschaft Schaumburg, ein von den übrigen Landen getrennter Theil des Kurfürstenthums Hessen, gehörte früher ihrem ganzen Umfange nach zu der ehemaligen, weit umfangreicheren Grafschaft Schaumburg oder Schauenburg, in den sächsischen Gauen Tilithi (Osterburg) und Bukigau gelegen, deren Besitzer um das Jahr 1030 von Kaiser Conrad II. die erbliche Grafenwürde erhielten und später auch die Grafschaft Holstein erwarben.

Bereits im Jahre 1518 hatten jedoch die Grafen Anton und Johann von Holstein und Schaumburg die zu der letzteren Grafschaft gehörigen Aemter Rodenberg, Hagenburg und Ahrendsburg dem Landgrafen Philipp dem Großmüthigen von Hessen zu Lehen aufgetragen. Die übrigen zu der Grafschaft gehörigen Besitzungen waren theils vom Stifte Minden relevirende Lehnstücke, wie die Aemter Schaumburg, Bückeburg, Sachsenhagen und Stadthagen, theils von Braunschweig=Lüneburg, wie die Aemter Bockeloh, Mesmerode, Lauenau, die Stadt Oldendorf und die Vogteien Fischbeck und Lachem.

Im Jahre 1640 starb der letzte Graf von Schaumburg, Otto VI., ohne Leibeserben und es entspannen sich darauf Uneinigkeiten zwischen der Allodialerbin, der Gräfin Elisabeth, Mutter des letztverstorbenen Grafen, und den Lehnsherren, in deren Folge die Gräfin die gesammte Grafschaft ihrem Bruder, dem Grafen von der Lippe, schenkte. Da nun Philipp der Großmüthige die Zusage gethan hatte, daß nach erfolgtem Aussterben des gräflich Schaumburgischen Mannsstammes demjenigen, welcher als nächster Verwandter oder aus einem anderen Rechtsgrunde die Grafschaft erlangen würde, die Belehnung über die 3 ebengenannten Aemter nicht verweigert werden solle, insofern er erbötig sei, seine sämmtlichen Schlösser und Städte an Hessen zu Lehn aufzutragen, und da Graf Philipp sich auch mit einer hessischen Prinzessin vermählt hatte, so wurde dieser 1644 mit der ganzen Grafschaft Schaumburg, soweit solche nicht braunschweigisches oder mindensches Lehn war, von der Landgräfin Amalie Elisabeth belehnt.

Als aber nach dem Tode der Gräfin Elisabeth, 1646, die mindenschen Gerechtsame über die Aemter Schaumburg, Bückeburg, Stadthagen und Sachsenhagen auf dem westphälischen Friedenscongresse Hessen zugesprochen waren, kam zwischen der Landgräfin Amalie Elisabeth und dem Grafen Philipp ein Hauptvergleich in Münster vom $^{9}/_{19}$. Juli 1647 (ratificirt am 11. August 1647) zu Stande, wonach die ganze, aus den ebengenannten 7 Aemtern bestehende Grafschaft Schaumburg als gemeinschaftlich angesehen und in zwei Theile getheilt werden sollte, deren einen die Landgräfin Amalie Elisabeth als Vormünderin ihres Sohnes, den anderen Graf Philipp für sich und seine Erben von Hessen zu Lehn empfing.

Die wirkliche Landestheilung kam aber erst zu Stande, nachdem die Differenzen mit Braunschweig-Lüneburg wegen der von diesem angesprochenen und in Besitz genommenen Lehen durch den Lauenauer Hauptvertrag vom 1. Oktober

1647 (ratificirt am 11. deſſ. M.) zwiſchen dem Herzoge Chriſtian Ludwig von Braunſchweig, der Landgräfin Amalie Eliſabeth und dem Grafen Philipp beſeitigt waren.

Hiernach wurde heſſiſcher und lippiſcher Seits allen Anſprüchen auf die Aemter Lauenau, Bockeloh und Mesmerode, braunſchweigiſcher Seits dagegen auf das Amt Schaumburg mit Ausnahme des hierüber im Vertrage beſonders Feſtgeſetzten entſagt, die Vogteien Fiſchbeck und Lachem*) zwiſchen Braunſchweig-Lüneburg und Heſſen, welches letztere außerdem noch die Stadt Oldendorf eigenthümlich erhielt, getheilt, mit dem Vorbehalte jedoch, daß der an Heſſen gefallene Theil der Vogtei Fiſchbeck (die Dörfer Pötzen, Haddeſen, Höfingen, Benſen, Weibeck, Krückeberg, Berſen, Wickbolſen, Barkſen, Fiſchbeck nebſt dem Stifte und dem Hofe Staue) nach dem Ausſterben des Mannsſtammes des Landgrafen Wilhelm VI., und die Stadt Oldendorf nebſt den zur Vogtei Lachem gehörigen Dörfern Hohenrode, Rumbeck, Fuhlen, Heslingen, Egestorf (Friedrichsburg), ferner Großenwieden, Kleinenwieden, Welſede, Rohden und Segelhorſt, wenn nachher die männliche Nachkommenſchaft der Rotenburger Linie erlöſchen würde, an Braunſchweig zurückfallen ſollten, weshalb bei jedesmaliger Huldigungseinnahme in Oldendorf und in jenen Vogteidörfern dem braunſchweigiſchen Fürſten, welcher das Fürſtenthum Calenberg beſitze, eine Eventualhuldigung zu leiſten ſei. Durch einen Nebenreceß wurden ſodann die Dörfer Hohenrode und Kleinenwieden zu denjenigen Orten geſchlagen, welche nach dem Erlöſchen des heſſiſchen Mannsſtammes an Braunſchweig fallen ſollten.

*) Die Vogteien Fiſchbeck und Lachem nebſt der Stadt Oldendorf waren urſprünglich braunſchweigiſche Lehen der Grafen von Wunſtorf, welche dieſelben mit landesherrlicher Einwilligung an die Grafen von Schaumburg verpfändet hatten. Durch den Vertrag vom 16. April 1573 zwiſchen dem Herzoge Erich von Braunſchweig und dem Grafen Otto V. war beſtimmt, daß dieſe Beſitzungen bis zum Ausgang des ſchaumburgiſchen Mannsſtammes bei dieſem gräflichen Hauſe unabgelöſt bleiben ſollten.

Dieser Hauptthеilungs- oder Executionsreceß kam am 12. December 1647 in Bückeburg zu Stande. Dadurch fielen an Hessen die Aemter Schaumburg und Rodenberg, die Städte Rinteln, Oldendorf, Obernkirchen und Rodenberg nebst Zubehörungen, sodann ein Theil des Amtes Sachsenhagen, nämlich die Stadt Sachsenhagen und die Dörfer Auhagen und Düdinghausen, an den Grafen von Lippe aber die Aemter Bückeburg, Stadthagen, Hagenburg, Ahrendsburg und der andere Theil des Amtes Sachsenhagen. Gemeinschaftlich verblieben der Rintelnsche Stiftshof, die Probstei Obernkirchen, das Kloster Egestorf, welche vom Fürsten Ernst der Universität gewidmet waren, die Universität Rinteln, die Weserzölle und die Kohlenwerke.

Die Gemeinschaft der Weserzölle wurde durch Vertrag vom 7. December 1734 aufgehoben. Gegen Begebung des Rechtes der kirchlichen Fürbitte im gräflichen Landestheile, welches Hessen in Anspruch nahm, wurde von Graf Philipp das Recht an der gemeinschaftlichen Universität Rinteln durch den Vertrag vom 14. Juni 1665 abgetreten. Die früher erwähnten Verträge wurden sämmtlich im westphälischen Frieden bestätigt (art. 15 §. 3 des Osnabrücker Friedens).

Seitdem hat die Grafschaft, von welcher nur in Folge des zwischen Kurhessen und Hannover abgeschlossenen Staatsvertrages vom 23. December 1831 der Antheil des Dorfes Pohle, welchen Hessen in Besitz hatte, an Hannover abgetreten wurde, einen Bestandtheil der hessischen Lande ausgemacht und auch deren Schicksale während der westphälischen Zwischenregierung getheilt.

Dieselbe wurde jedoch lange Zeit hindurch als nur durch Personalunion mit Hessen verbunden angesehen und hatte ihre eigne Gesetzgebung, indem die für die Landgrafschaft Hessen-Cassel erlassenen Gesetze für sie nur in Folge besonderer Publikation Gültigkeit erlangten. Die alten, vor dem Anfalle an Hessen erlassenen gräflichen Verordnungen blieben überall in Kraft, eine gedruckte Sammlung derselben ist aber kurhessischer Seits nicht erschienen; von schaumburg=lippischer Seite dagegen ist eine solche unter dem Titel:

„Schaumburg=Lippische Landesordnungen von 1563
„bis 1777. Zwei Bände. 4. Bückeburg 1804, 1805."

veranstaltet worden.

Erst seit Erlaß des kurfürstlichen Haus= und Staatsgesetzes vom 4. März 1817 bildet die Grafschaft einen integrirenden Bestandtheil des kurhessischen Staats.

II.

Lage, Grenzen, Größe.

Die Grafschaft liegt, wie oben bemerkt, von den Kurhessischen Hauptlanden ganz abgesondert, nördlich von diesen, zwischen 52° 5½′ und 52° 25½′ nördlicher Breite und 26° 28′ und 27° 7′ Länge und ist gegen Westen von dem Königreiche Preußen und dem Fürstenthume Schaumburg-Lippe, gegen Norden von dem letzteren und dem Königreiche Hannover, gegen Osten ganz von Hannover und gegen Süden von Hannover und dem Fürstenthum Lippe-Detmold eingeschlossen.

Die Grenze gegen Preußen beginnt am rechten Weserufer unterhalb des zum Dorfe Todemann gehörigen Gutes Dankersen, läuft dann längs der Chaussee von Rinteln nach Bückeburg bis vor das Dorf Kleinbremen und zieht sich darauf über den Papenbrink bis in das theils zu Kurhessen, theils zu Preußen, theils zu Schaumburg=Lippe gehörige Dorf Schermbeck, wo die Grenze des letzteren Staates beginnt.

Diese erstreckt sich, das Wesergebirge unterhalb der Luhdener Klippe wieder übersteigend, bis fast an die Straße von Rinteln nach Hameln, übersteigt das Gebirge abermals zwischen der Messings= und Westendorfer Egge, läuft über die Bückeburger Aue und die Vorläufer des Bückeberges, dicht unterhalb der Stadt Obernkirchen her, dann im Zickzack längs der nordwestlichen Abdachung des Bückeberges nahe bei dem Schaumburg-Lippeschen Dorfe Cobbensen in die Ebene, umschließt in einem weiten Bogen das Gebiet der Stadt Sachsenhagen und schließt sich, den Düdinghäuser Berg übersteigend und sich zur Sachsenhager Aue hinabsenkend, unweit des Dorfes Mesmerode an die Grenze des Königreichs Hannover.

Letztere läuft in zwei großen Bogen östlich, zum Theil dem Laufe der Südaue folgend, bis Colenfeld, geht dann in südlicher Richtung über das Deistergebirge, in der Nähe von Apelern abermals einen weiten Bogen beschreibend, durch das Thal der Rodenberger Aue und steigt über das Dachtelfeld auf die Höhe des Wesergebirges, auf welchem sie bis zur Höhe des Süntels fortläuft, dann bei der Pötzer Landwehr die Berliner Straße durchschneidet, über den Ullenberg in das Weserthal hinabsteigt und oberhalb Fischbeck die Weser erreicht. In der Nähe von Fuhlen verläßt sie solche wieder und erhebt sich durch die linksseitigen Weserberge bis zum Dorfe Goldbeck, in dessen Nähe sie am s. g. Ochsenkampe sich der Grenze des Fürstenthums Lippe-Detmold anschließt. Von da läuft sie in einem weiten Bogen quer über die Berge bis zur Casseler Straße, überschreitet diese bei Friedrichshöhe, folgt dann kurze Zeit dem Laufe der Exter und wendet sich auf der Höhe des Heidelbecker Waldes wieder gegen Norden, durchschneidet unweit des Dorfes Möllenbeck die Straßen nach Lemgo und Varenholz und erreicht unterhalb dieser Stadt die Weser, deren Laufe sie aufwärts folgt, bis sie sich wieder mit der Grenze gegen Preußen vereinigt.

Das Dorf Schüttlingen nebst den Eithöfen liegt von der Grafschaft ganz abgesondert in der Nähe des eben erwähnten Dorfes Cobbensen, rings von Schaumburg-Lippeschem Gebiete eingeschlossen.

Die soeben beschriebene Fläche bildet eine sehr unregelmäßige Figur, mehr in die Länge, als in die Breite gezogen. Die größte Länge von Süden nach Norden in gerader Linie beträgt 10 Stunden, die größte Breite 5 Stunden.

Die Grafschaft, vor Kurzem trigonometrisch vermessen, ist $8_{,31}$ Quadratmeilen groß und zählt 183,375 Casseler Acker.

III.

Natürliche Beschaffenheit.

A. Höhenzüge.

Folgende Höhenzüge durchschneiden, beziehungsweise berühren die Grafschaft:

1) Der Höhenzug auf dem linken Weserufer, parallel mit der Weser laufend, gegen Süden mit den Lippischen Bergen zusammenhängend. Höchste Höhe: Klein-Goldbeck, 1165′ über dem Meeresspiegel.

2) Der Süntel, gegen Osten auf dem rechten Weserufer hart an der Hannoverschen Grenze gelegen. Höchste Höhen: Der Süntel 1404′, der Stollen 1321′, der Hohenacken 1206′ über dem Meeresspiegel.

3) Das Wesergebirge, sich vom Süntel an längs des rechten Weserufers nach Nordwesten hinziehend und bekanntlich bei der s. g. Porta Westphalica von der Weser durchbrochen, gegen Süden steil, gegen Norden sanfter abfallend. Höchste Höhen: Paschenburg 1068′, Hohenstein 1038′, Katzennase 1110′, Westendorfer Egge 935′, Luhdener Klippe 928′ und Papenbrink 961′ über dem Meeresspiegel.

4) Der Bückeberg, nördlich vom vorigen Höhenzuge, mit diesem in entgegengesetzter Richtung von Südwesten nach Nordosten streichend, westlich bei Bückeburg, östlich bei Algesdorf sich in die Ebene verlaufend, fast 2½

geographische Meile lang, fällt ebenfalls gegen Südosten steil ab und verflacht sich gegen Norden ganz in die Ebene. Höchste Höhen: Diebische Ecke 1105', Buschberg 1148' über dem Meeresspiegel.

5) Der Deister im nordöstlichen Theile der Grafschaft, dessen westlicher Abfall dieselbe nur zum Theil berührt, ist vom Süntel durch das Thal der Rodenberger Aue getrennt. Höchste Höhe: Heisterburg 1050' über dem Meeresspiegel.

6) Der Düdinghäuser Berg, ein ganz in Nordwesten der Grafschaft, südlich vom Steinhuder Meere, alleinstehender, sich gegen Westen in das Fürstenthum Schaumburg-Lippe verlaufender Höhenzug. Höchster Punkt: 393' über dem Meeresspiegel.

B. Thäler.

Zwischen diesen Gebirgen liegen drei Haupt- und verschiedene Nebenthäler, welche letztere jedoch eine besondere Erwähnung nicht verdienen.

1) Das erste Hauptthal — das Weserthal — wird seiner Länge nach von Osten nach Westen von der Weser durchströmt und hat zu Thalwänden nördlich den Süntel und das Wesergebirge, südlich die an das Fürstenthum Lippe-Detmold grenzenden Berge. Es ist 5 Stunden lang, durchschnittlich eine Stunde breit und trägt den Charakter eines Seebeckens.

2) Das zweite Hauptthal liegt nördlich vom vorigen und weit höher, hat zu seiner südlichen Thalwand den nördlichen Abfall des Wesergebirges und zu seiner nördlichen Thalwand den südlichen Abhang des Bückeberges. Zwischen beiden Höhenzügen läuft das Thal fast muldenförmig, in Westen ganz schmal, gegen Nordosten sich allmählich erweiternd und nur durch einen sanften Höhenzug vom dritten Hauptthale getrennt. Es wird von der Bückeburger Aue durchflossen.

3) Das dritte Hauptthal, von Südosten nach Norden gewandt, östlich vom Deister, westlich von den Ausläufern des Süntels und des Bückeberges begrenzt, wird von der Rodenberger Aue durchflossen und öffnet sich nach Norden unterhalb Rodenberg in die von da bis zur Nordsee sich ausdehnende unabsehbare, von keinen nenneswerthen Höhenzügen mehr durchbrochene Ebene.

C. Ebenen.

Der ganze nördliche Theil der Grafschaft von Rodenberg an bildet mit Ausnahme der Gegend um Düdinghausen eine vollkommene, fast wagerechte Ebene, welche den Abfluß des Wassers nur sehr langsam gestattet und an manchen Stellen, besonders in nassen Jahren, von häufigen Morästen unterbrochen ist.

Uneigentlich kann man aber auch das Weserthal eine Ebene nennen, indem es, wohl eine Stunde breit, bis zum Fuße der dasselbe begrenzenden Berge fast ganz wagerecht liegt und nur eine unbedeutende Neigung von Osten nach Westen hat. Auf die Länge von 5 Stunden, welche es in der Grafschaft einnimmt, neigt es sich nur um etwa 27′.

D. Gewässer.

1) Die Weser berührt die Grafschaft zuerst oberhalb Fischbeck, bildet gegen Süden die Grenze gegen Hannover, tritt etwa $^3/_4$ Stunde später ganz in das Inland und durchströmt dessen südlichen Theil von Osten nach Westen in einer Länge von 4 Stunden in gerader Linie. Unterhalb Dankersen bildet sie wieder auf $^3/_4$ Stunde gegen Norden die Grenze gegen Preußen und verläßt das Kurhessische Gebiet bei Barenholz. Ihr ganzer Lauf beträgt mit den Krümmungen über 4 Meilen. Derselbe ist, da die Weser in einem weiten Thale fließt und die Ufer nirgends hoch sind, in der Vorzeit vielen Veränderungen unterworfen gewesen. Jetzt werden die Ufer mit großem Fleiße gebaut

und hat die Schiffbarkeit des Flusses dadurch so bedeutend gewonnen, daß nur noch an zwei Stellen — bei Großenwieden und Eisbergen — bei niedrigem Wasserstande die Passage für die Schiffe schwierig ist. Die Weser tritt leicht aus und überschwemmt dann einen großen Theil des Thales, wo sie im Stauwasser ziemlich bedeutend Boden aufsetzt.

2) Die Obernkircher (Bückeburger) Aue entspringt bei Langenfeld, durchfließt das Thal zwischen dem Bückeberge und dem Wesergebirge von Osten nach Westen und verläßt dann das diesseitige Gebiet, um durch das Fürstenthum Schaumburg-Lippe der Weser zuzueilen.

3) Die Rodenberger Aue entspringt am nordöstlichen Abhange des Süntels im Königreiche Hannover, tritt zwischen Lauenau und Rodenberg in die Grafschaft und verläßt dieselbe, nachdem sie eine Strecke deren Grenze gebildet hat, bei Mesmerode.

4) Die Sachsenhager Aue entsteht am Fuße des Bückeberges zwischen Obernkirchen und Stadthagen durch die Sammlung der von der Nordwestseite dieses Gebirges fallenden Quellwasser. Sie tritt aus dem Fürstenthum Lippe $^{1}/_{2}$ Stunde oberhalb Sachsenhagen in die Grafschaft und vereinigt sich bei der s. g. hohen Brücke mit der Rodenberger Aue, von wo an beide, den Namen Westeraue führend, bei Mesmerode die Grafschaft verlassen und durch das Königreich Hannover der Leine zufließen.

5) Die Südaue, in letzterem Lande entspringend und in demselben endend, bildet nur auf eine kurze Strecke die Grenze gegen das Königreich Hannover in Nordosten der Grafschaft.

6) Die Exter, bei Alverdissen im Fürstenthum Lippe-Detmold entspringend, tritt oberhalb Krankenhagen in die Grafschaft und ergießt sich, zahlreiche Wasserwerke treibend, bei Rinteln in die Weser.

Mineralische Quellen besitzt die Grafschaft mehrere, von denen die vorzüglichsten die Schwefelquellen sind, welchen das in bedeutendem Rufe stehende Bad Nenndorf seine Entstehung verdankt. Die Bestandtheile dieser Heilquelle sind verschiedene Salze, namentlich schwefelsauere Kalkerde schwefelsaueres Natron, kohlensauere Kalkerde &c., deren Auflösung stark mit Schwefelwasserstoffgas, dem Hauptbestandtheile des Wassers, auf welchem seine so entschiedene und specifische Heilkraft beruht, imprägnirt ist. Die Temperatur dieser Quellen, deren es überhaupt 4 gibt, ist ziemlich gleichbleibend, + 9° R. Sie geben zusammen in 24 Stunden 10,173 Cubikfuß Wasser und es würden täglich an Schwefel-, Schlamm-, Sol- und gemischten Bädern gegen 900 gegeben werden können, wobei die Sturzbäder, Douchen und Gasbäder nicht gerechnet sind. Bei Algesdorf entspringen ebenfalls Schwefelquellen in moorigem Grunde und bilden einen Schwefelschlamm, der, nach Nenndorf verführt, daselbst mit bestem Erfolge zum Baden benutzt wird.

Eine schwache eisenhaltige Quelle, welche nicht weiter benutzt wird, befindet sich bei Rodenberg.

Eine merkwürdige Naturerscheinung wird aber noch bei Algesdorf wahrgenommen. Auf einer am Abhange des Bückeberges gelegenen Wiese in einem Raume von kaum 100 Quadratfußen entspringen 4 Quellen, von denen eine schwefel-, eine salz-, eine eisenhaltig ist und die letzte reines Trinkwasser liefert. Alle 4 vereinigen sich unmittelbar nach ihrer Entstehung zu einem kleinen Bache, welcher der Rodenberger Aue zufließt.

Die Salzquellen zu Rodenberg, beziehungsweise Soolsdorf, werden unten, wo von den Producten die Rede ist, nähere Erwähnung finden.

E. Geognostische Beschaffenheit.

Die Gebirgsarten, welche die Oberfläche bilden, bestehen sämmtlich aus normalen Gebilden, vormals sogenannten jüngern Flözgebirgen, diluvianischen oder aufgeschwemmten Gebilden und Alluvionen. Abnorme Gebilde kommen nicht vor.

Die Höhenzüge unter 2, 3, 4, 5 und 6 gehören sämmtlich dem Oolithgebilde oder der Jurakalkformation an. Welche Formation hier zur Unterlage dient, ist unbekannt. Die eigentliche Weserkette Nr. 3 hat den Liasschiefer zur Basis, einen bituminösen, leicht zerbröckelnden glimmerreichen Schiefermergel, mit einem großen Reichthum an thonigem Eisenstein (Sphärosiderit) in Flötzen, die sehr bauwürdig sind.

Der eigentliche Liassand und Kalk fehlen. Der, mit dem oolithischen Thoneisenstein in Süddeutschland und dem inferior Oolite Englands übereinstimmende, an der nahen Porta Westphalica vorkommende Sandstein tritt in der Grafschaft nicht auf.

Dann folgt in mächtigen Bänken ein Kalkstein, entweder von graublauer Farbe von schöner oolithischer Bildung, einer Politur, wie Marmor, fähig und zum Theil höchst interessante Petrefakten *) enthaltend, oder von kreideweißer Farbe ebenfalls von roggenförmiger Structur mit vielen Zerklüftungen, wie an der Paschenburg und dem Hohensteine. Beträchtliche Lager von Mergelkalk und Mergelschiefer sind untergeordnet. **)

Die Hauptmasse der unter 2, 4 und 5 genannten Höhenzüge, oder des Bückeberges, des Süntels und des Deisters besteht dagegen aus der jüngsten Abtheilung der Oolithformation, die dem englischen Wealdclay und Iron sand analog ist und neben vorherrschenden schwarzen Schiefer-

*) So wurde in 1858 in einem Sandsteinbruche auf der Höhe des Bückeberges der versteinerte Schild einer Schildkröte in einer Größe von etwa 4 Quadratfuß, äußerst gut erhalten, gefunden.

**) Es ist nicht uninteressant, daß das Oolithgebilde, welches in der Ausdehnung wie in der Grafschaft nirgends als in England vorkommt, nach Rußegger auch in Palästina auftritt und daß namentlich der Oelberg ganz aus denselben Gebilden besteht, wie die Weserkette.

mergeln und Letten und dem auch hier wieder vorkommenden thonigen Sphärosiderit ausgezeichnete Sandsteinlager von lichter Farbe und sehr feinem Korn und darin gebundene überaus mächtige Steinkohlenflötze enthält, von denen das an der Nordseite des Bückeberges bei Obernkirchen das reichste und ausgedehnteste ist. Der Boden der nördlichen Ebene besteht fast ganz aus aufgelösten Schiefermergeln.

Der Höhenzug unter 1 auf dem linken Weserufer gehört ganz der Keuperformation an, welcher nur an einem Punkte, dem Kehl bei Exten, die Liasformation aufgelagert ist, und besteht aus mächtigen Lagern von Keupermergel mit untergeordnetem, sehr festem, quarzreichen Sandsteine. Diluvianische Gebilde kommen in Lehm- und Thonlagern, Süßwasserkalk oder Kalktuff (in der Ebene zwischen dem Deister und Bückeberge) vor.

Die Salzquellen bei Rodenberg gehören wahrscheinlich nebst dem hin und wieder zu Tage auslaufenden Gyps der tiefer liegenden bunten Sandsteinformation an und die Schwefelquellen verdanken vielleicht ihren Ursprung den Schiefermassen.

Noch verdienen die in der ganzen Grafschaft zerstreuten einzelnen Granitblöcke, von einigen Pfunden bis zu vielen Centnern an Gewicht, Erwähnung (scandinavischer Granit).

F. Vegetation.

In dem Weserthale ist die natürliche Vegetation durch den Anbau meist sehr unterdrückt. Wo sie indessen noch erscheint, zeigt sie sich, dem Charakter des Thales als eines ausgetrockneten Wasserbeckens gemäß, vorherrschend in Wasser und Sumpf liebenden Pflanzen, z. B. zahlreichen Arten von Scirpus, Carix, Epilobium palustre, Hottonia palustris, Mollinia coerulea, Butomus umbellatus, Sagittaria sagittaefolia, Equisetum eburneum, Hydrocharis morsus ranae, Nuphar luteum, Ceratophyllum demersum etc.

Auf dem mageren Kalksteinboden des nördlichen Abfalls der Weserkette oder dem Thalrande des Auethales herrschen Galeopsis angustifolia, Melampyrum arvense, Thymus acinus vor und weichen nicht der Cultur, während der südliche Abfall der Weserkette neben steilen Felsen guten humosen Boden zeigt und der Holzzucht, namentlich der Buche, vorzüglich günstig ist, auch in seinem Waldschatten und auf seinen Klippen eine reiche Fülle nicht gewöhnlicher Pflanzen enthält, z. B. Biscutella laevigata, Hippocrepis comosa, Dianthus caesius, Sisymbrium austriacum, Lunaria rediviva, Convallaria polygonatum, multiflora, bifolia, Leucoïum vernum, Anemone hepatica, Taxus baccata, Scolopendrium officinarum, Polypodium dryopteris etc. Auf den Haiden ist Genista anglica vorherrschend und am Deister läßt Erica tetralix auf Torfboden schließen, wie auch eine reiche Fülle interessanter Moorpflanzen in den an der Nordgrenze der Grafschaft liegenden Mooren gefunden werden. Arenaria marina zeigt den Salzboden bei Sooldorf an.

Im Allgemeinen ist der Boden mit wenigen Ausnahmen fruchtbar und nicht allein zur Cultur der bei weitem meisten Cerealien geeignet, sondern auch auf den Höhen dem Wachsthume aller im nördlichen Deutschland vorkommenden Waldbäume günstig. Der nördliche Theil der Grafschaft, der eine feuchte Niederung mit tiefgehendem Boden ist, enthält die schönsten Eichenwaldungen.

Nur die Obstbaumzucht will aller Orten nicht recht gedeihen, was aber weniger der ungünstigen Beschaffenheit des Bodens, als vielmehr den häufigen Nachtfrösten im Frühjahr und den oft herrschenden heftigen Winden zuzuschreiben ist.

G. Clima.

Ueber die mittlere Temperatur fehlt es an den nöthigen Beobachtungen. Für die Ebene allein sind dergleichen angestellt und haben eine mittlere Jahrestemperatur von $+ 7\frac{1}{2}$ ° R. ergeben.

Die Luft ist selten ruhig, meist herrschen, und zwar oft heftige, West- und Ostwinde, in deren Folge das Clima, besonders im Herbste und Frühjahre, rauh und unbeständig ist. Dasselbe ist aber im Allgemeinen der Gesundheit nicht unzuträglich, wie denn z. B. endemische Krankheiten zu den großen Seltenheiten gehören.

IV.

Die Bevölkerung.

Die Zahl der Bewohner der Grafschaft beträgt nach der am Schlusse des Jahres 1858 stattgehabten Zählung 35,753 und zwar vertheilen sich solche auf 8093 Familien*). Von diesen 35,753 Personen gehören 17,416 dem männlichen und 18,337 dem weiblichen Geschlechte an. 23,934 sind über 14, 11,819 sind unter 14 Jahre alt, 5906 besuchen die Volksschulen.

Im Jahre 1827 betrug die Zahl der Bewohner der Grafschaft 31,694 und hob sich bis zum Jahre 1837 auf 34,678, wuchs demnach in 10 Jahren um 2984, also jährlich um 298,4 oder um 0,9 %. Dann stieg sie langsamer und erreichte im Jahre 1852 erst die Höhe von 36,733, erhöhte sich also in 15 Jahren nur um 2055, oder im Jahr um 137 d. i. um 0,4 %.

Von da an verursachten aber häufige Auswanderungen und andere Gründe eine beträchtliche Abnahme der Bevölkerung. Bis zum Jahre 1856 war sie, das Militär mit eingerechnet, auf 35,768 Seelen gesunken, hatte also in 3 Jahren fast um 1000 Seelen oder jährlich um 0,9 %, abgenommen, bis im Jahre 1857 ein Stillstand eintrat, auf

*) Die bedeutende Differenz dieser Zahl mit der Zahl der in 1837 vorhanden gewesenen Familien (6139) läßt sich nur so erklären, daß damals mit „Familie" ein anderer Begriff bezeichnet worden ist, als jetzt.

welchen im folgenden Jahre wieder eine merkliche Zunnahme folgte, so daß die Differenz der Zählungen von 1856 und 1859 nur 15 Seelen beträgt.

Gegenwärtig ist die Bevölkerung wieder im Wachsen begriffen, namentlich überragen die Geburten auch wieder, was zeitweise nicht der Fall, die Sterbefälle.

Im Jahre 1857 wurden 1280 Kinder, worunter 670 Knaben und 610 Mädchen, geboren. 61 kamen todt zur Welt, 118 waren unehelich geboren. Im Jahre 1858 war die Zahl der Geburten gleich hoch, die der Knaben betrug 701, die der Mädchen 579. Todtgeborene waren darunter 63, uneheliche Kinder 149 *).

Die Zahl der Gestorbenen betrug im Jahre 1857 908, von denen 21 durch eigene Hand oder Unglücksfälle ums Leben gekommen sind. Im Jahre 1858 betrug sie 949, von denen 14 durch eigne Hand oder durch Unglücksfälle das Leben verloren **).

Es beträgt hiernach der Ueberschuß der Geborenen über die Gestorbenen zwar jährlich etwa 350, allein die Einwanderungen erreichten im letzten Decennium die Auswanderungen bei weitem nicht, indem z. B. in den Jahren 1856—1858 nur 37 Familien mit im Ganzen etwa 120 Köpfen einwanderten, während in gleicher Zeit allein 235 Personen aus dem Unterthanenverbande entlassen wurden***), eine beträchtliche Zahl aber, 181, daneben noch heimlich sich entfernte. Die Auswanderung in außerdeutsche Länder,

*) Die Zahl der unehelichen Geburten erscheint auffallend hoch, allein man darf daraus keinen ungünstigen Schluß auf die Sittlichkeit der Bevölkerung ziehen, indem weit mehr als die Hälfte der unehelich geborenen Kinder durch nachfolgende Ehe der Eltern legitimirt werden.

**) Die Zahl der Selbstmorde betrug in dem Decennium 1850 bis 1859 48.

***) Und zwar blos Männer, da Weiber eine solche Entlassung nicht bedürfen. Nur die Töchter und Frauen auswandernder Familien sind eingerechnet.

welche im Jahre 1857 noch 181 Köpfe betrug, sank im Jahre 1858 auf 47 Köpfe herab und ist noch immer im Abnehmen begriffen; auch haben die heimlichen Entfernungen bedeutend nachgelassen *).

Die Zahl der vorhandenen Ehen beträgt 5889. Demnach kommt

auf je 6 Lebende ungefähr eine Ehe,
auf je 28 Lebende eine Geburt und
auf je 39 Lebende ein Todesfall,

welche Verhältnisse der Lebenden zu den Geborenen und Gestorbenen mit den gewöhnlich angenommenen Durchschnittzahlen der politischen Arithmetik übereinstimmen.

Unter den Bewohnern befinden sich
27 Taubstumme,
48 Blinde und
57 Blödsinnige **).

Die Bevölkerung ist vertheilt auf 5 Städte, nämlich

Namen der Städte	Wohnhäuser	Bewohner
1) Rinteln	394	3156
2) Obernkirchen	250	2058
3) Rodenberg	251	1866
4) Oldendorf	200	1252
5) Sachsenhagen	120	682
Latus I.	1215	9014

und 98 Landgemeinden, nämlich:

*) Die Zahl der in den Jahren 1853—1859 mit und ohne Erlaubniß ausgewanderten männlichen Personen und der weiblichen Familienglieder, welche mit jenen das Land verließen, beträgt 1208.

**) Diese Zahl erscheint sehr hoch, es ist aber mehr als wahrscheinlich daß unter „Blödsinnigen" auch die Schwachsinnigen mitbegriffen sind, wie denn eine eingezogene Angabe dahin lautete, daß sämmtliche Bewohner eines bestimmten Dorfes mehr oder weniger blödsinnig seien.

Namen der Orte	Wohnhäuser	Bewohner
1) Ahe, 2) Kohlenstädt *)	55	325
3) Deckbergen	61	405
4) Engern	65	415
5) Exten	111	732
6) Friedrichswald	25	155
7) Goldbeck	74	459
8) Großen- und Klein-Neelhof	2	32
9) Großenwieden	88	687
10) Hessendorf	28	144
11) Hohenrode	67	435
12) Kleinenwieden	19	117
13) Krankenhagen, 14) Friedrichshöhe	115	616
15) Möllenbeck	70	542
16) Ostendorf	58	346
17) Rosenthal	40	299
18) Rumbeck	106	537
19) Saarbeck, 20) Strücken	69	385
21) Todemann	56	387
22) Uchtdorf	51	277
23) Volksen, 24) Wöseberg	29	165
25) Wennenkamp	33	221
26 **) Westendorf	40	314
27) Altenhagen	16	107
Latus II.	1278	8093

*) Die eingeklammerten Orte bilden jedesmal zusammen eine politische Gemeinde.

**) Die Landgemeinden 1—26 bilden nebst der Stadt Rinteln den Amtsbezirk Rinteln.

Namen der Orte	Wohnhäuser	Bewohner
28) Antendorf	43	274
29) Beeke	7	52
30) Bernsen	33	282
31) Borstel	54	365
32) Cathrinhagen	102	606
33) Escher	51	291
34) Hattendorf	70	409
35) Kleinholtensen	17	104
36) Krainhagen	31	262
37) Langenfeld	27	161
38) Lickwegen	85	541
39) Nienfeld	1	16
40) Poggenhagen	18	126
41) Rahden	16	101
42) Rannenberg	37	238
43) Rehren	65	375
44) Röhrkasten	23	161
45) Rolfshagen	73	476
46) Schermbeck	13	71
47) Scholtensen	22	115
48) Westernwald	16	107
49*) Wiersen	22	125
50) Barksen	35	208
51) Bensen	59	409
52) Fischbeck	131	826
53) Friedrichsburg	17	129
54) Friedrichshagen	32	214
55) Fuhlen	75	427
56) Haddessen	38	241
Latus III.	1213	7662

*) Die Ortschaften 27—49 bilden nebst der Stadt Obernkirchen den Amtsbezirk Obernkirchen.

Namen der Orte	Wohn-häuser	Bewoh-ner
57) Heßlingen	98	532
58) Höfingen	40	242
59) Krückeberg	23	129
60) Pötzen	62	345
61) Rohden	62	392
62) Segelhorst	58	363
63) Weibeck	45	242
64) Welsede	69	452
65) Wickbolsen	27	158
66 *) Zersen	44	233
67) Algesdorf	51	318
68) Apelern	76	552
69) Auhagen	79	523
70) Beckedorf	99	664
71) Düdinghausen	17	100
72) Großhegesdorf	40	225
73) Großnenndorf	86	665
74) Haste	44	288
75) Helsinghausen	34	216
76) Hohnhorst } 77) Mathe }	65	451
78) Horsten	40	316
79) Idensermoor } 80) Niengraben }	21	107
81) Kleinhegesdorf	21	141
82) Kleinnenndorf	25	242
83) Kreuzriehe	28	164
84) Lyhren	28	156
85) Gesundbrunnen Nenndorf	6	48
Latus IV.	1288	8264

*) Die Ortschaften 50—66 bilden nebst der Stadt Oldendorf den Amtsbezirk Oldendorf.

Namen der Orte	Wohnhäuser	Bewohner
86) Ohndorf	55	336
87) Ottensen	20	127
88) Rehren 89) Rehrwiehe 90) Nordbruch	71	434
91) Reinsen 92) Reinebold 93) Heidbrink	46	272
94) Reinsdorf	43	267
95) Riehe	37	244
96) Riepen	51	342
97) Schöttlingen	15	125
98) Sooldorf	33	163
99 *) Waltringhausen	53	401
Summa	424	2721
Latus IV.	1288	8264
„ III.	1213	7662
„ II.	1278	8093
„ I.	1215	9014
Summa	5418	35753

Es wohnen hiernach in den 5 Städten 9014 und in den 99 Dörfern 26739 Köpfe, oder es bildet die städtische Bevölkerung 25,2 %, die ländliche 74,8 % der Bewohnerzahl **).

*) Die Landgemeinden 67 — 99 bilden nebst den Städten Rodenberg und Sachsenhagen den Amtsbezirk Rodenberg.

**) Am Schlusse des Jahres 1839 betrug die Bevölkerung der Städte 8545 Köpfe in 1155 Wohnhäusern, die der Landgemeinden aber 26133 in 3689 Wohnhäusern und es ist danach das Verhältniß der Vertheilung der Bevölkerung auf Stadt und Land sich ziemlich gleich geblieben, indem damals 75,1 % auf dem Lande wohnten. Wie ungleich sich aber die sonstigen Lebensverhältnisse beider Volksklassen geändert haben, geht daraus hervor, daß sich, während die Be-

Nach dem Religionsbekenntnisse zerfallen die Bewohner der Grafschaft in

I. Christen			35366
a. Evangelische		35199	
1) Lutheraner	32689		
2) Reformirte	2510		
b. Katholiken		158	
c. Dissidenten		9	
II. Israeliten *)			387
		Summa . .	35753

Nach der Berufsart, beziehungsweise Beschäftigung **) theilt sich die Bevölkerung in der Weise ein, daß von den 8092 Familien

6,4 % vom Staats- oder Gemeindedienste, Pensionen und Renten,

völkerung der Städte um 5,5 % zugenommen, die städtischen Wohnhäuser nur um 5,2 % vermehrt haben, die Zahl der Wohnhäuser, auf dem Lande aber um 16,2 % stieg, während die Volkszahl nur um 2,3 % zunahm.

*) Die Israeliten haben sich auch hier, wie fast überall, am meisten vermehrt, indem ihre Zahl in 20 Jahren um 27 % gestiegen ist.

**) Dieses Verhältniß genau festzustellen, ist leider ganz unmöglich, indem man zuviel auf die subjectiven Ansichten Desjenigen verwiesen ist, welcher die Aufnahme vorgenommen hat. Blickt man in die betreffenden Listen, so scheint es, als ob die Zahl der Ackerbautreibenden nur sehr gering, die Zahl der Handwerker (Bergleute) und Tagelöhner aber die bei Weitem überwiegende sei. Und doch ist dies keineswegs der Fall; die Zahl der von den Producten der eigenen Landwirthschaft sich ernährenden Personen ist bei Weitem größer, als es diese Listen ergeben. In den letzten figuriren nur 1321 Familien als Ackerbauer, während doch allein über 3000 Bauerngüter existiren, von denen mindestens die Hälfte ihrem Besitzer fast sein vollständiges Brod gibt.

Es rührt dies aber daher, daß z. B. alle Wirthe unter dieser Bezeichnung in die Listen aufgenommen sind, obgleich die Mehrzahl von ihnen vom Grundbesitze ihre Hauptnahrung gewinnen. Sodann werden in den Städten alle Handwerker stets als solche fortgeführt, obgleich viele ihr Handwerk gar nicht mehr betreiben, sondern sich andern Berufsarten zugewandt haben. Namentlich aber ist man auf dem Lande gewohnt, Jeden, welcher nicht ausschließlich von der Landwirthschaft lebt, sondern ein Handwerk oder den Tagelohn nebenher betreibt, schlechtweg als Handwerker oder Tagelöhner zu bezeichnen. Die Hälfte der erstern aber und mehr als ein Drittel der letztern betreiben nebenbei Landwirthschaft und von den übrigen besitzen viele noch Haus, Garten und Pachtland.

4,5 % vom Handel und Wirthschaftsbetriebe, sowie vom Besitze von Fabriken,
17,9 % lediglich von der Landwirthschaft,
17,4 % lediglich von Handwerken,
17,4 % theilweise vom Handwerks-, theilweise vom Landwirthschafts-Betriebe,
0,5 % vom Lohn- und Fracht-Fuhrwesen,
7,9 % als Fabrikarbeiter und Bergleute,
8,8 % vom Landwirthschafts-Betriebe und Tagelohn,
10,2 % lediglich vom Tagelohn ꝛc.

100,0 %

sich ernähren.

V.

Organisation.

A. Ständische Repräsentation.

Die Grafschaft Schaumburg nahm an der allgemeinen Repräsentation der althessischen Lande keinen Theil, sondern hatte ihre Provinzialstände, die aus Prälaten (dem Kloster Möllenbeck und den adeligen Fräuleinstiftern von Fischbeck und Obernkirchen *), der Ritterschaft und den Städten bestand, wozu seit dem Jahre 1815 noch der Bauernstand gekommen ist. Außerdem hatten die Stände noch einen eignen Consulenten, welcher unter dem Namen Landsyndikus dem Landtage beiwohnte.

Die dermalige ständische Vertretung der Grafschaft richtet sich nach den Bestimmungen der Verfassungsurkunde vom 13. April 1852, nach welcher

Wer mit den hiesigen Verhältnissen weniger bekannt ist, würde bei Einsicht der Bevölkerungslisten sogar noch zu einem ganz andern unrichtigen Schlusse kommen, indem er z. B. die in fast allen Listen vorkommenden Schäfer zu den Hirten zählen würde, während der Schäfer einer Gemeinde regelmäßig den größten Bauernhof besitzt, und nur deshalb Schäfer genannt wird, weil er allein zum Halten einer Schaafheerde berechtigt ist.

*) Alle 3 vormals Benediktinerklöster, von denen das erste säcularisirt ist, die beiden letztern aber nach der Reformation in lutherische Fräuleinstifte umgeschaffen sind.

1) zur ersten Kammer
die Ritterschaft der Grafschaft, bestehend aus folgenden Familien: von Bardeleben, von Brink, von Busch, von Cornberg, von Ditfurth, von Hammerstein, von Landesberg, von Mengersen, von Münchhausen, von Post, von Schellersheim, von Westphal und Grafen von Wartensleben, Einen Vertreter sendet;

2) zur zweiten Kammer aber

a, die 5 Städte einen Vertreter,

b., die Landgemeinden einen Vertreter wählen und

c, 7 Besitzer von nicht zur Ritterschaft gehörigen Gütern, welche über 200 Acker groß sind, sich nebst den übrigen Gutsbesitzern gleicher Art Kurhessens an der Wahl von 16 Abgeordneten betheiligen.

B. Innere Landesverwaltung.

In administrativer Beziehung bestehen unter dem Ministerium des Innern zu Kassel für die Grafschaft Schaumburg folgende Behörden:

1) die Regierungs-Commission zu Rinteln.

Dieselbe ist mit den Funktionen einer Provinzialregierung bekleidet, versieht aber nebenbei auch die Geschäfte des Landrathsamtes und gehören zu ihrer Competenz folgende Gegenstände:*)

a. die Aufrechthaltung der landeshoheitlichen Gerechtsame

b. die Aufsicht auf die Verkündigung der Gesetze.

c. die Ausübung der gesammten Polizei.**)
   Unterbeamte:
   α. die Ortspolizeibeamten.
   β. für die Gesundheitspolizei 4 Physiker.
   γ. für die Baupolizei die unteren Baubeamten einschließlich des Wasserbaupersonals.

d. die Leitung des Schul- und Erziehungswesens.
   Unterbeamte:

---

*) Vergl. Verordnung vom 29. Juni 1821.

**) Sie requirirt hierzu nach Befinden die Hülfe des Gendarmeriedistriktskommandos zu Rinteln.

Zwei Bezirks- (Ober-) und an jedem Orte, wo sich eine Schule befindet, der Pfarrer als Lokalschulinspector, beziehungsweise ein Schulvorstand in den Städten.

e. die Leitung des Landfolgedienstwesens.

f. die Förderung und Beschützung der Landwirthschaft, des Handels und der Gewerbe, namentlich der Zunftangelegenheiten.

Unterbeamte:

Vier Oberzunftämter.

g. die Oberleitung der städtischen und Gemeindehaushalte.

Unterbeamte:

Die Ortsvorstände.

h. die Oberaufsicht über die öffentlichen Anstalten und Stiftungen.

i. die Leitung des Bauwesens.

k. die Einwirkung auf die Militärangelegenheiten, soweit sie der Civilverwaltung zusteht.

l. die obere Leitung der besonderen Verhältnisse der Israeliten.

Unterbehörden:

Provinzialvorsteheramt der Israeliten zu Kassel.

m. der Vorschlag zu allen Verwaltungsstellen, soweit deren Besetzung vom Landesherrn oder von Kurfürstlichem Ministerium geschieht, sowie die Besetzung der übrigen Stellen.

n. die öffentliche Anklägerschaft bei den Justizämtern.

o. endlich die Besorgung derjenigen Angelegenheiten, welche die Landrathsämter im Auftrage der übrigen Oberbehörden der innern Landesverwaltung besorgen, auf Requisition der letztern.

2) Das Consistorium zu Kassel*) für alle kirchlichen Angelegenheiten und unter ihm ein Superintendent und 24 Pfarrer.

3) Die Landeskreditkassen-Direktion zu Kassel.

4) Die General-Brandversicherungs-Commission daselbst, für das Immobiliarversicherungswesen.

5) Die Landgestüte-Direktion daselbst.

*) Die Competenz des Consistoriums ist ebenfalls im Wesentlichen durch die Verordnung vom 29. Juni 1821 festgesetzt.

Ferner bestehen als technische Oberbehörden, deren Wirkungskreis sich ebenfalls auf die Grafschaft erstreckt:

6) Das Obermedicinalkollegium.

7) Die Oberbaukommission.

8) Die Kommission für landwirthschaftliche Angelegenheiten und

9) Die Kommission für Handels- und Gewerbeangelegenheiten und

10) Die Kommission für statistische Angelegenheiten,*)

sämmtlich zu Kassel.

Da nun auch diese letzteren Behörden ihre Thätigkeit bezüglich der Grafschaft Schaumburg durch die Regierungs-Kommission vermitteln lassen, so geht die gesammte Administration von dieser aus, oder doch durch ihre Hand.

Zum Zwecke der Entscheidung wichtigerer allgemeiner Fragen steht ihr ein aus 6 Mitgliedern bestehender Bezirksrath mit berathender Stimme zur Seite, von denen eins von den Mitgliedern der Ritterschaft, zwei von den Städten, zwei von den Landgemeinden und das letzte von den zwanzig höchstbesteuerten ländlichen Grundbesitzern gewählt werden.

In Nachstehendem soll nur eine Uebersicht über diejenigen Verhältnisse geliefert werden, welche zum Ressort der innern Landesverwaltung gehören.

Aa. Die Gemeinde-Verwaltung.**)

Diese, welche im Wesentlichen die Grundlage der innern Landesverwaltung bildet, geht aus der Gesammtheit der stimmfähigen Ortsbürger hervor. In den Städten sind dies diejenigen Gemeindeangehörigen, welche ein eignes Wohnhaus besitzen, oder Landwirthschaft auf eignen Grundstücken mit eignem Anspanne betreiben, oder ein zünftiges Handwerk als Meister ausüben, oder ein sonstiges Gewerbe betreiben, oder von einem Vermögen leben, welches ihnen ein bestimmtes Einkommen sichert, oder (die Staatsdiener im weitern Sinne ausgenommen) durch wissenschaftliche oder künstlerische Be-

*) Die Competenz der übrigen Behörden ergibt sich schon aus ihrem Namen.

**) Gemeinde-Ordnung vom 23. October 1834. Gesetz vom 1. Dezember und Verordnung vom 22. Dezember 1853.

triebsamkeit ein Einkommen von mehr, als 200 Thlr. beziehen in den Landgemeinden aber diejenigen Gemeindeangehörigen, welche Landwirthschaft auf eignen Grundstücken mit eignem Anspanne betreiben*). Diese wählen einen aus mindestens 4 Mitgliedern bestehenden ständigen und einen gleich starken außerordentlichen Ausschuß; darauf beide Körper einen aus mindestens 2 Mitgliedern bestehenden Gemeinderath (Stadtrath) und schließlich mit letzterem einen Bürgermeister.

Der Gemeinderath (Stadtrath), auf 10 Jahre gewählt, ist die eigentliche Verwaltungsbehörde der Gemeinde. Bei seinen Beschlüssen ist er nur in einer Reihe gesetzlich bestimmter Fälle an die Einwilligung des ständigen, auf 5 Jahre gewählten Ausschusses und wieder in einigen von diesen auch an die des auf gleiche Zeitdauer gewählten außerordentlichen Ausschusses gebunden. Die Ausführung der Beschlüsse geschieht von dem auf Lebenszeit bestellten Bürgermeister. Für besonders wichtige Beschlüsse, namentlich für autonomische Anordnungen ist aber auch noch die Genehmigung der Regierungs-Commission erforderlich.

Die Rechnungen über Einnahmen und Ausgaben der Gemeinden werden von der Regierungs-Commission abgehört und diese entscheidet auf alle Beschwerden gegen Beschlüsse der Gemeindebehörden in zweiter Instanz.

Diese Verhältnisse in allen einzelnen Punkten näher zu beleuchten, ist hier nicht der Ort. Die Statistik hat sich darauf zu beschränken, sie in ihren Grundzügen darzustellen, und es soll nur in der folgenden Tabelle eine Uebersicht über das Vermögen, die Einnahmen und die Ausgaben der Gemeinden geliefert werden**).

*) Wenn die Zahl dieser Gemeindeangehörigen zu gering ist, so kann die Stimmfähigkeit von der Regierungs-Commission anderweit regulirt werden. Auch kann die Zahl aller stimmfähigen Ortsbürger die Funktionen des Ausschusses übernehmen.

**) Die Ausgaben zur Unterstützung der Armen, über welche besondere Rechnungen geführt werden, sind dabei nur in soweit berücksichtigt, als die Gemeindekassen zu den Armenkassen Zuschüsse leisten.

Namen der Stadt oder Gemeinde.	Einwohnerzahl	Grundvermögen.		Capitalvermögen.	Schuldenlast.
		Acker.	Rt.	Thlr.	Thlr.
1. Rinteln	3156	2482	—	23763	32053
2. Oldendorf . . .	1252	385	—	3641	12933
3. Obernkirchen . .	2058	63	—	—	12727
4. Rodenberg . . .	1866	155⅛	16¼	—	10010
5. Sachsenhagen . .	682	643	—	127	12034
6. Ahe und Kohlenstadt	325	—	—	—	743
7. Deckbergen . . .	405	3¼	17½	—	—
8. Engern	415	—	—	—	—
9. Exten	732	51	8½	300	84
10. Friedrichswald .	155	—	—	—	—
11. Goldbeck . . .	459	239	—	—	100
12. Großenwieden . .	687	146¾	—	—	—
13. Hessendorf . . .	144	—	—	—	—
14. Hohenrode . . .	435	31⅛	—	—	611
15. Kleinenwieden . .	117	¼	1¼	—	—
16. Krankenhagen . .	616	20⅓	28⅛	—	—
17. Möllenbeck . . .	542	—	—	280	—
18. Ostendorf . . .	346	2¼	32	—	536
19. Rosenthal . . .	299	—	—	—	—
20. Rumbeck . . .	537	52¼	13	—	517
21. Saarbeck u. Strücken	385	45½	—	20	25
22. Todenmann . .	387	—	—	10	—
23. Uchtdorf	277	2¼	18¾	—	115
24. Volksen u. Wöseberg	165	¼	—	—	—
25. Wennenkamp . .	221	21	9¾	—	—
26. Westendorf . . .	314	—	—	—	—
27. Barksen	208	16⅛	25¾	—	366
28. Bensen	409	93¼	26¾	—	570
29. Fischbeck	826	44¾	8	—	696
30. Friedrichsburg . .	129	29¼	18¾	—	—

Einnahmen von Grundvermögen. Thlr.	Realgerechtsamen. Thlr.	Verbrauchsauflagen. Thlr.	sonst. Tit. außer durch Umlagen. Thlr	Durchschnittl. jährliche Einnahme. Thlr.
3578	1058	1067	1715	8683
984	758	55	230	2633
505	458	405	12	2672
65	326	100	10	2733
538	89	15	72	1490
—	1	—	16	418
—	1	—	69	246
—	3	—	—	240
31	1	164	3	620
—	—	—	—	65
—	—	—	—	213
1	10	—	42	735
—	—	—	—	86
—	6	—	19	374
—	—	—	—	170
—	—	—	—	363
—	—	32	16	218
—	1	—	3	188
10	10	—	—	105
—	1	—	7	435
5	—	—	5	211
—	—	18	8	228
—	1	—	4	139
—	—	—	—	121
—	—	—	5	96
—	—	—	—	226
—	3	—	27	137
9	1	—	—	399
17	—	—	46	396
12	2	—	—	77

Namen der Gemeinde.	Einwohnerzahl	Grundvermögen.		Capitalvermögen.	Schuldenlast.
		Acker.	Rt.	Thlr.	Thlr.
31. Friedrichshagen .	214	—	—	—	67
32. Fuhlen	427	146¼	—	—	1023
33. Haddesen	241	36	—	—	225
34. Heßlingen	532	58¾	—	—	610
35. Höfingen	242	97¾	20¼	—	234
36. Krückeberg	129	125½	—	—	415
37. Pötzen	345	2¾	28½	—	464
38. Rohden	392	1¼	26	—	1120
39. Segelhorst . . .	368	37½	7⅞	—	513
40. Weibeck	242	57	35	—	1698
41. Welsede	452	1½	10	—	1742
42. Wiekbolsen . . .	158	—	—	—	174
43. Zersen	233	40	—	—	250
44. Altenhagen . . .	107	105	3	—	—
45. Antendorf . . .	274	143½	14	—	350
46. Beeke	52	—	—	—	—
47. Bernsen	232	¼	—	—	319
48. Borstel	365	13¼	—	—	400
49. Cathrinhagen . .	606	—	15	—	481
50. Escher	291	172¾	—	—	343
51. Hattendorf . . .	409	48¼	—	—	—
52. Kleinholtensen . .	104	22¼	29½	5	250
53. Kraienhagen . .	262	—	—	—	1600
54. Langenfeld . . .	161	—	—	—	—
55. Lickwegen . . .	541	—	—	1450	—
56. Poppenhagen . .	126	—	—	—	—
57. Rahden	101	—	—	—	—
58. Rannenberg . .	238	—	—	—	31
59. Rehren A. O. .	375	60	—	—	459
60. Röhrkasten . . .	161	—	—	—	590

Grund-vermögen.	Einnahme von Realgerechtsamen.	Verbrauchsauflagen.	sonst. Tit außer durch Umlagen.	Durchschnittl. jährliche Einnahme.
Thlr.	Thlr.	Thlr.	Thlr.	Thlr.
—	—	—	—	100
—	8	—	56	469
29	—	—		146
—	2	—	3	501
6	—	—	4	170
3	3	—	—	278
1	—	—	—	243
—	1	—	—	629
5	4	—	6	337
15	6	—	50	578
—	1	—	3	649
—	5	—		116
—	2	—	—	308
—	—	—	—	63
79	—	—	8	232
—	—	—	—	12
—	—	—	8	189
2	1	—	77	343
—	1	—	34	303
10	1	—	2	177
5	1	—	14	187
19	—	—		72
—	1	—		121
—	—	—	—	39
—	—	—	58	355
—	—	—	—	80
—	—	—	—	40
—	—	—	4	210
73	1	—	3	291
—	1	—	6	147

Namen der Gemeinde.	Einwohnerzahl	Grundvermögen Ack.	Grundvermögen Rt.	Capitalvermögen Thlr.	Schuldenlast. Thlr.
61. Rolfshagen	476	—	—	—	1531
62. Schermbeck	71	—	—	—	—
63. Scholtensen	115	8	25	—	414
64. Westerwald	107	25½	15	—	229
65. Wiersen	125	38½	20	—	10
66. Algesdorf	318	98½	36½	—	—
67. Apelern	552	240½	29	—	720
68. Auhagen	523	32½	—	—	4972
69. Beckedorf	664	135¾	17	300	417
70. Düdinghausen	100	—	—	—	100
71. Großhegesdorf	225	69	—	—	—
72. Großnenndorf	665	96¼	—	—	3113
73. Haste	288	10	—	—	28
74. Helsinghausen	216	8	18	—	69
75. Hohnhorst	451	22½	27	—	1033
76. Idenseer Moor und Niengraben	107	3¼	16¼	150	—
77. Kleinhegesdorf	141	42¾	30½	—	—
78. Kleinnenndorf	242	200	—	—	1343
79. Kreuzriehe	164	—	—	—	362
80. Lyhren	156	34¼	8¾	—	393
81. Ohndorf	336	45½	—	—	3454
82. Ottensen	127	128¼	31	—	—
83. Rehren, Rehrwiehe und Nordbruch	434	10	—	5000	25000
84. Reinsen, Reinebuld und Haidbrink	272	—	—	—	—
85. Reinsdorf	267	—	18	—	16
86. Riehe	244	36¼	12½	—	1491
87. Riepen	342	105¾	36½	—	991
88. Schöttlingen	125	—	10	—	—
89. Horsten	316	103¼	4½	—	3190
90. Sooldorf	163	—	—	—	182
91. Waltringhausen	401	2	7½	23	3020
		8889	1½		

Einnahme von Grund-vermögen. Thlr.	Real-gerechtsamen. Thlr.	Verbrauchs-auflagen. Thlr.	sonst. Tit außer durch Umlagen. Thlr.	Durchschnittl. jährliche Einnahme. Thlr.
—	—	—	—	320
—	—	—	10	34
22	—	—	—	59
—	1	—	—	96
—	—	—	—	159
30	2	—	—	400
11	—	—	—	545
217	—	—	9	533
19	—	—	45	768
—	—	—	—	46
28	—	—	28	344
76	6	—	—	728
—	—	—	—	249
6	1	—	—	198
—	—	—	—	507
1	2	—	—	72
21	—	—	—	206
—	4	—	—	337
3	—	—	—	79
—	—	—	—	181
6	1	—	—	1231
1	—	—	—	72
1700	—	—	200	2600
—	—	—	—	99
1	—	—	—	164
7	1	—	—	382
3	—	—	—	654
—	—	—	—	91
13	—	—	—	648
—	7	—	19	238
19	1	—	—	597

Von letzterer Summe des Grundeigenthums der Gemeinden liegen jedoch nur 7057 Acker 1⁵/₈ Ruthen im Inlande; der Rest mit 1832 Ackern liegt im Auslande und gehört der Stadt Rinteln, der s. g. Rintelnsche Hagen im Fürstenthume Lippe-Detmold.

Es geht aus dieser Uebersicht hervor, daß zwar die Mehrzahl der Gemeinden ein nicht unbeträchtliches Grundeigenthum besitzt, daß aber nur wenige davon eine entsprechende Einnahme beziehen. Meistentheils besteht das Grundvermögen in Waldungen *), deren Ertrag vertheilt wird, oder in Huten, welche bald von allen Einwohnern, bald nur von den Haus-, bald nur von den eigentlichen Colonatsbesitzern benutzt werden. Die Bemühungen der Verwaltungsbehörden, diese Huten zu einer anderweiten Cultur zu bringen, haben indeß bewirkt, daß schon ein bedeutender Theil derselben unter die Interessenten vertheilt und meist in Ackerland umgewandelt worden ist, und es ist alle Aussicht vorhanden, daß dies in den nächsten Jahrzehnten mit allen geschehen wird, welche eine Belohnung der Mühe versprechen **).

Capitalien besitzen allerdings nur wenige Gemeinden, aber auch die Schulden sind nicht beträchtlich und um so weniger drückend, als die Capitalien meist von der Landeskreditkasse dargeliehen sind, deren Einrichtung eine successive Abtragung gestattet. Entstanden sind die Schulden größtentheils durch Ablösungen und öffentliche Bauten.

*) Unter diesen Waldungen der Gemeinden ist eine über 5000 Acker große Waldung mehrerer Gemeinden des Justizamts Oldendorf nicht mit aufgeführt, weil man sie im eigentlichen Sinne nicht als Gemeindewaldung auffassen kann. Es ist dies die s. g. Stiftsfischbecker Gemeindewaldung, deren Administration noch in allen Punkten, wie weiter unten ausgeführt werden wird, an die alten Markgenossenschaften erinnert.

**) Unter den Gemeindegütern sind die s. g. Gemeinheiten, d. h. diejenigen Gemeindegüter, welche zwar auf den Namen der Gemeinden katastrirt, aber steuerfrei sind, und an denen der Staat das unten näher erörterte Ausweisungsrecht beansprucht, nicht mitverzeichnet, weil solche der Staat als sein Eigenthum betrachtet.

Vergleicht man die Summe der Gemeindeeinnahmen, welche aus bestimmten Besitzungen und Gerechtsamen herstammen, mit der Gesammteinnahme, welche sich stets nach der Ausgabe richtet, so zeigt sich, daß der größte Theil der Ausgaben durch Umlagen der Gemeindeglieder gedeckt werden muß, die nach dem Fuße der Staatssteuern erhoben werden. In den meisten Gemeinden sind nicht einmal Verbrauchsauflagen eingeführt.

Die Ausgaben sind in den einzelnen Ortschaften von sehr verschiedener Art und lassen sich nicht speziell aufführen. Sie werden in den Rechnungen nach folgenden Titeln:

1) Ueberzahlung aus voriger Rechnung.
2) Zurückgezahlte Kapitalien.
3) Ausgeliehene Kapitalien.
4) Zinsen von erborgten Kapitalien.
5) Gehalte.
6) Ausgaben für das Gemeindevermögen.
7) Beiträge zur Unterhaltung des Kirchendienstes.
8) Ausgaben für den öffentlichen Unterricht.
9) " " die Gesundheitspolizei.
10) " " Unterstützung der Armen.
11) " " Feuerlösch- und Rettungsanstalten.
12) " " Markteinrichtungen.
13) " " Straßenerleuchtung &c.
14) Kosten der Ortspolizei.
15) Ausgaben für den Ankauf von Immobilien.
16) Sonstige, theils zufällige, theils weniger erhebliche Ausgaben.
17) Abgaben zur Staatskasse.
18) Niedergeschlagene Einnahmeposten.
19) Rückstände.
20) Vorschußweise geleistete Zahlungen.
21) Insgemein.

verrechnet und durch angemessene Ausschreibung von Umlagen, oder Erborgung von Capitalien gedeckt, soweit die sonstigen Einnahmen nicht hinreichen.

Hieran reiht sich

Bb. Das Armenwesen,

welches nach §. 1 der V. O. vom 29. November 1823 und nach der Gemeindeordnung vom 23. October 1834 zum Ressort der Gemeindeverwaltung gehört.

In der ganzen Grafschaft Schaumburg ist jedoch — in den Städten schon im Jahre 1826 — seit dem letzten Jahrzehnt eine zwar etwas abweichende, in ihren Folgen aber sehr vortheilhafte, Einrichtung getroffen worden, wodurch in jeder Gemeinde eine aus mindestens dem Pfarrer, dem Ortsvorstande und den Altaristen zusammengesetzte Armenpflegekommission ins Leben gerufen wurde.

Diese prüft jährlich im Herbste die Lage aller hülfsbedürftigen Personen, beräth die Mittel zur Abwendung der Noth und wirft dann aus, wieviel die Gemeindekasse zur Armenkasse zuschießen muß, nachdem die Einkünfte aus Legaten, dem kirchlichen Armenfonds, milden Beiträgen und dergleichen in dieselbe geflossen sind. Den Etat legt sie sodann der Regierungs-Kommission vor, welche auch die Rechnungen abhört.

Die Armuth hat in letzter Zeit sehr abgenommen. Im Jahre 1857 genossen noch 812 Personen der öffentlichen Unterstützung und erhielten an Geld und Naturalien jährlich über 9000 Thlr. und die Regierungs-Kommission hatte bereits den Plan zur Gründung eines Armenarbeitshauses entworfen; da aber günstigere Erndten und besserer Verdienst die Zahl der Armen sehr beträchtlich minderte, so daß die Armuth beinahe allein sich noch auf die Städte beschränkte und kaum noch die Hälfte unterstützungsbedürftiger Personen vorhanden war, gab man jenen Plan wieder auf.

Die 5 Städte der Grafschaft haben für Arme verwandt:

im Jahre	1854 Thlr.	1855 Thlr.	1856 Thlr.	1857 Thlr.	1858 Thlr.
1) Rinteln	1657	1713	1713	1753	1931
2) Obernkirchen . . .	658	641	679	536	684
3) Oldendorf . . .	460	278	233	175	137
4) Rodenberg . . .	800	1340	701	697	703
5) Sachsenhagen . .	124	205	238	263	78
	3699	3177	3564	3424	3533

Die Armuth in den Städten hat hiernach nicht bedeutend abgenommen, sie ist aber seit 1855 in stetigem Fallen begriffen (mit Ausnahme von Rinteln, welches in 1858 etwa 200 Thlr. besondere Ausgaben hatte) und auch die Rechnungen von 1859 ergeben, soweit sie bis jetzt eingegangen, wieder erhebliche Minderausgaben.

Cc. Stiftungen.

An Stiftungen, deren Einkünfte mehr, oder weniger in die Lokalarmenkassen fließen, bestehen:

1) Die Stadtarmenkasse zum heiligen Geiste zu Rinteln,
2) Die reformirte Armenkasse daselbst.

beide unter specieller Leitung der Armenpflegekommission.

3) Das Prinzeß-Holstein'sche Legat.
4) Das Brüggemannsche Legat.
5) Das Gryp-Westphalische Legat.
6) Das Transdorfsche Legat.

Die von 3 – 6 stehen unter Leitung der Geistlichen, des Bürgermeisters und des Stadtraths zu Rinteln.

7) Die Stiftung der 30 Armen unter dem Thurm.
8) Das Hospital zum heiligen Geiste.
9) Das von Stülpnagelsche Legat.

Nr. 7 u. 8 stehen unter Leitung der Pfarrer und des Stadtrathes zu Oldendorf.

Außerdem entrichtet aber noch der Staat aus besondern Titeln, namentlich als Rechtsnachfolger des Klosters Möllenbeck:

10) 82 Thlr. sog. Möllenbecker Provengelder.
11) 30 Thlr. für Möllenbecker Arme.
12) 37 Malter 3½ Himten Armenroggen für bestimmte Gemeinden.
13) 1710 Pfund Armensalz,

welche Beträge auf Anweisung der Regierungs-Commission zu Rinteln vertheilt werden, und zahlt

14) zur Unterhaltung armer Waisenkinder etwa 300 Thlr.

15) Auch muß die Stadt Stadthagen im Fürstenthum Schaumburg Lippe alle 2 Jahre 24 Ellen Tuch für Arme zur Disposition der Regierungs-Commission stellen.

Die Summen, welche aus diesen Stiftungen ꝛc. den Armen zufließen, betragen über 1400 Thlr. und decken sonach einen wesentlichen Theil ihrer Bedürfnisse. Die Kirchen aber schießen zu gleichem Zwecke noch jährlich über 800 Thlr. zu*).

Unter dieser Rubrik mögen auch die beiden adeligen Fräuleinstifter Fischbeck und Obernkirchen, beide früher Benediktinerklöster, Erwähnung finden.

1) Das Stift zu Fischbeck besitzt im In- u. Auslande:**)

a. an	Gebäuden, Gärten ꝛc. .	$31\frac{3}{16}$	Ack.	$3\frac{1}{8}$	Rt.
b. „	Ackerland	$842\frac{3}{4}$	„	$\frac{15}{16}$	„
c. „	Gärten außerhalb des Dorfes	$35\frac{3}{4}$	„	$8\frac{3}{8}$	„
d. „	Wiesen und Weiden .	169	„	$1\frac{13}{16}$	„
e. „	Privatwaldungen ***)	680	„	—	„
		$1758\frac{11}{16}$	„	$14\frac{1}{4}$	„

2) Das Stift Obernkirchen.

a. an	Gebäuden	$6\frac{3}{4}$	Ack.	4	Rt.
b. „	Gärten	$30\frac{11}{16}$	„	$5\frac{1}{8}$	„
c. „	Ländereien	$68\frac{3}{8}$	„	$1\frac{3}{4}$	„
d. „	Wiesen	$35\frac{5}{16}$	„	$7\frac{5}{8}$	„
e. „	Weiden	$99\frac{1}{8}$	„	$7\frac{3}{4}$	„
f. „	Waldungen †) . . .	$239\frac{1}{4}$	„	$\frac{1}{4}$	„
		$479\frac{5}{8}$	„	$8\frac{3}{4}$	„

*) Bei den Kirchen werden wir sehen, daß sie jährlich allein von den Kirchenarmenkassenkapitalien im Betrage von 19,062 Thlr. 582 Thlr. 15 Sgr. Zinsen für die Armen verwenden.

**) Der Haushalt der Stifter ist größtentheils ein Naturalhaushalt, indem die Stiftsdamen einen bedeutenden Theil ihrer Einnahmen in Naturalien beziehen, welche durch Bewirthschaftung der Güter gewonnen werden.

***) Unter diesen Waldungen ist der Antheil des Stifts an der sog. Stiftsfischbecker Gemeindewaldung nicht mitbegriffen.

†) In einem Theile dieses Waldes, die Sulte genannt, $106\frac{7}{8}$ Acker

Die Einnahmen des Stifts
Fischbeck beliefen sich in 18⁵⁸/₅₉ auf 2846 Thlr.
Obernkirchen „ „ „ „ „ 7601 „

Dd. Kirchliche Einrichtungen.

In kirchlicher Beziehung unterscheidet sich die Grafschaft von den übrigen Kurhessischen Landestheilen wesentlich dadurch, daß hier, mit einer einzigen Ausnahme, keine Filialkirchen bestehen, sondern nur am Hauptorte der Parochieen, deren Eintheilung noch im Wesentlichen dieselbe ist, wie vor der Reformation, sich Kirchen befinden und daselbst auch meistens die Todten der ganzen Parochie beerdigt werden. Nur in vier Orten, nämlich zu Heßlingen, Rumbeck, Nehren (A. O.) und Ohndorf, befinden sich Capellen, welche noch mehr oder weniger zu gottesdienstlichen Handlungen benutzt werden.

Die Einnahmen der Kirchen bestehen meist in Kapitalzinsen und Opfergeldern, theilweise auch in dem Aufkommen von Grundvermögen.

Die Einnahmen der Pfarreien bestehen außer den Accidentien größtentheils aus dem Ertrage der Oekonomie und den Zinsen von Kapitalien.

Die Rechnungen sowohl über diese Kapitalien als über das Kirchenvermögen führt ein Kirchenrechner.

Soweit die Einnahmen der Kirche zur Deckung ihrer Ausgaben nicht hinreichen, müssen die Parochieen das Erforderliche zuschießen. Nur die Ausgaben der Kirche zu Möllenbeck werden vom Staate, und die der Kirche zu Fischbeck vom dasigen Stifte bestritten, wie denn der Staat auch die Competenzen der reformirten Pfarrer- und Kirchendienerstellen zu Möllenbeck und Rinteln zahlt.

Folgende Uebersicht enthält dasjenige, was in statistischer Beziehung bemerkenswerth ist.

---

9 Rth. groß, gehört die Hute dem Stifte allein, das Holz aber benutzt das Stift Obernkirchen mit dem Fürsten von Schaumburg-Lippe gemeinschaftlich.

Laufende Nr.	Bezeichnung der Kirche.	Zahl der Pfarrer.	Patron, wo ein solcher vorhanden.	Eingepfarrte Orte.
	I. Metropolitanat Rinteln.			
1	Lutherische Kirche in Rinteln	2	Stadt Rinteln (für d. 2 Pfar.)	—
2	Reformirte Kirche in Rinteln	2	—	—
3	R. Kirche zu Möllenbeck	1 in Möllenbeck 1	—	Hessendorf
4	L. Kirche zu Exten	1	—	Strücken, Krankenhagen, Volksen, Wöseberg, Uchtdorf
5	L. Kirche zu Hohenrode	1	—	Saarbeck, Wennenkamp, Friedrichswald
6	L. Kirche zu Fuhlen	1	Stift Fischbeck	Rumbeck, Friedrichsburg, Friedrichshagen, Heßlingen
7	L. Kirche zu Großenwieden	1	—	Kleinenwieden Kohlenstädt.
8	L. Kirche zu Deckbergen	1	—	Westendorf. Ostendorf, Rosenthal, Bernsen, Borstel, Poppenhagen.
9	L. Kirche zu Oldendorf	2	v. Münchhausen (für d. 2. Pfar.)	—
10	L. Kirche zu Segelhorst	1		Welsede, Rohden, Rannenberg.
11	L. Kirche zu Krückeberg	1	Regierung zu Minden	Zersen, Wickbolsen, Barksen.
12	L. Kirche zu Weibeck		—	
13	L. Kirche zu Fischbeck	1	Stift Fischbeck	Höfingen, Haddesen, Bensen, Pötzen.

Grundvermögen der Kirche		Kapital-Vermögen der Kirche			Regelmäßige Einnahmen derselben			Armenfonds			Grundvermögen der Pfarrei	
Ack.	Rt.	Thlr.	sgr.	hlr	Thlr.	sgr.	hlr.	Thlr.	sgr.	hlr	Ack.	Rt.
4	—	4262	27	—	382	—	—	5218	25	7	I. 3½	—
											II. 6	—
2¼	13	1811	11	6	178	19	11	—	—	—	2	—
—	—	100	—	—	4	—	—	—	—	—	—	—
4	—	990	18	4	46	—	—	1278	10	—	24⅝	—
1	—	715	—	—	40	—	—	210	—	—	77⅞	¼
1	—	1190	—	—	47	18	—	25	25	9	94½	5¼
1	—	1082	12	—	43	20	—	20	—	—	121⅞	10½
1	8¾	2528	7	—	100	11	3	715	—	—	49⅞	2¾
3½	31½	1163	—	—	140	—	—	—	—	—	I. 51	2
											II. 13	—
2	—	654	—	—	26	—	—	—	—	—	90	—
1⅛	9	677	16	10	141	11	—	—	—	—	73⅛	18½
[illegible]	6½	—	—	—	—	—	—	—	—	—	—	—
—	—	248	23	9	15	16	—	—	—	—	—	—
—	—	—	—	—	—	—	—	—	—	—	2	—
								7467	1	4		

Laufende Nr.	Bezeichnung der Kirche.	Zahl der Pfarrer.	Patron, wo ein solcher vorhanden.	Eingepfarrte Orte.
	II. Metropolitanat Obernkirchen.			
14	L. Kirche zu Obernkirchen	2	—	Beeke, Kraienhagen, Röhrkasten, Rolfshagen.
15	L. Kirche zu Cathrinhagen	1	—	—
16	L. Kirche zu Hattendorf	1	—	Rehren, Escher, Langenfeld, Rahden, Antendorf, Westerwald, Schoholtensen, Kleinholtensen, Altenhagen.
17	L. Kirche zu Rodenberg	1	—	Algesdorf.
18	L. Kirche zu Apelern	1	—	Lyhren, Sooldorf, Reinsdorf, Groß- und Kleinhegesdorf.
19	L. Kirche zu Großnenndorf	1	—	Kleinnenndorf, Weltringhausen, Riehe, Kreuzriehe Horsten.
20	L. Kirche zu Hohenhorst	1	v. Mandelslohe	Helsinghausen Haste, Ohndorf, Rehren .Capelle zu Ohndorf.
21	L. Kirche zu Beckedorf	1	—	Riepen, Ottensen.
22	L. Kirche zu Sachsenhagen	1	—	—

Grundvermögen der Kirche.		Capital-Vermögen der Kirche.			Regelmäßige Einnahme derselben.			Armenfonds.			Grundvermögen der Pfarrei.	
Ack.	Rt.	Thlr.	sgr.	hlr.	Thlr.	sgr.	hlr.	Thlr.	sgr.	hlr.	Ack.	Rt.
—	—	300	—	-	34	13	—	$\frac{1500}{2}$	—	—	I. 15½ II. 9⅛	23 6
2	—	680	9	8	28	—	—	30	—	—	184 $\frac{5}{16}$	—
1	—	4110	21	11	169	—	—	1763	10	—	110½	—
2	—	3131	7	1	440	—	—	—	—	—	160⅜	4¼
1	—	2600	—	—	107	29	2	2650	—	—	82	—
2	—	2740	—	-	130	—	—	3240	—	—	143¼	16
2½	—	2161	21	8	86	20	3	638	10	—	96	22
—	—	475	25	—	13	16	10	—	—	—	—	—
¾	27	1297	14	—	52	20	11	964	10	1	76½	5⅛
2¾	10	661	15	5	33	16	10	608	—	—	57	29¼
S: 36½	13¼							11594	—	1	1546	11¼
							Latus I.	7467	1	4		
							Summa *)	19061	1	5		

*) Die Zinsen dieser Summe fließen in die Armenkassen, welche auch meistens die Klingelbeutelgelder erhalten.

Außerdem stehen noch folgende Orte mit auswärtigen Kirchen im Kirchenverbande:

1) Goldbeck	mit Bösingfeld	im Fürstenthum Lippe-Detmold.
2) Drei Höfe von Krankenhagen	mit Silixen	
3) Engern und		im Fürstenthum Schaumburg-Lippe.
4) Ahe	mit Steinbergen	
5) Reinsen und der Hof Eichenbruch	mit Heuersen	
6) Schöttlingen	mit Lindhorst	
7) Liekwegen	mit Sülbeck	
8) Auhagen und		
9) Düdinghausen	mit Bergkirchen	
10) Niengraben und		
11) Iddensermoor	mit Iddensen	
12) die Kolonie Nr. 1. zu Friedrichsburg	mit Hemeringen	im Königreich Hannover.
13) Todemann	mit Eisbergen	im Königreich Preußen.
14) Schermbeck	mit Kleinbremen	

wohingegen 20 ausländische Orte mit hessischen Kirchen vereinigt sind.

Für die hinterlassenen Wittwen der Geistlichen ist dadurch gesorgt, daß sich bei jeder Pfarrei ein Pfarrwittwenhaus mit entsprechender Dotirung befindet.

Den reformirten Einwohnern in den Städten Rodenberg, Obernkirchen und Oldendorf müssen die reformirten Pfarrer aus Rinteln halbjährlich das Abendmahl reichen.

Die wenigen Katholiken besuchen meist die katholische Kirche zu Bückeburg.

Die Juden, welche in den fünf Städten und in 7 Landgemeinden wohnen, sind in 4 Synagogengemeinden Rinteln, Obernkirchen, Oldendorf und Rodenberg mit Sachsenhagen getheilt, von denen jede unter zwei Gemeindeältesten steht und die insgesammt der speciellen Leitung eines Kreisvorstehers untergeben sind.

Unter den Dissidenten befinden sich drei Mennoniten und sechs Baptisten.

Ee. Bildungsanstalten.

Als solche bestehen:

1) Das Gymnasium zu Rinteln, nach Aufhebung der dasigen Universität im Jahre 1817 gegründet, in welchem in 5 Gymnasial- und 3 Realklassen von 12 Lehrern im Durchschnitte 119 Schüler unterrichtet werden, und welches als eine vortreffliche Lehranstalt bekannt ist;
2) 3 Handwerksschulen — zu Rinteln, Oldendorf und Rodenberg *) — in welchen die Handwerkslehrlinge in mancherlei nützlichen Fächern unterrichtet werden;
3) 50 Volksschulen, nämlich 5 in den Städten und 45 auf dem Lande;
4) 4 israelitische Schulen an den 4 Amtshauptorten;
5) 5 Industrieschulen, in welchen weibliche Handarbeiten gelehrt werden.

Was nun die Volksschulen, als die für die Gesammtheit wesentlichsten Bildungsanstalten, anlangt, so können die in der Grafschaft Schaumburg zu den besten des Landes gerechnet werden und es gehören jetzt solche Personen zu den Seltenheiten, welche nicht lesen oder schreiben könnten. Es wird für ausreichende Tüchtigkeit der Lehrer, für einen regelmäßigen Schulbesuch und, so viel als thunlich, für Beschaffung geräumiger und gesunder Lokalitäten Sorge getragen. Auch ist es stets das rege und mit Erfolg gekrönte Bestreben der Verwaltungsbehörden gewesen, das Einkommen der Schulstellen mehr und mehr zu verbessern, und aus der weiteren Darstellung wird sich ergeben, daß die hiesigen Volkslehrer, wenn auch immer noch gering, doch jedenfalls weit besser gestellt sind, als in vielen anderen Gegenden.

Umstehende Uebersicht möge die Grundlage zu einer Verdeutlichung der hiesigen Volksschulverhältnisse bilden.

---

*) Die zu Obernkirchen ist in der Errichtung begriffen.

Laufende Nummer.	Ort der Schule.	Im Schulverbande stehende Orte.
1	Rinteln 1. Rektorstelle . .	. . . .
	2. Stelle	. . . .
	3. "	. . . .
	4. "	. . . .
	5. "	. . . .
	6. "	. . . .
	(Freischule)	. . . .
2	Oldendorf 1. Rektorstelle	. . . .
	2. Stelle . .	. . . .
	3. " . .	. . . .
3	Rodenberg 1. Rektorstelle	. . . .
	2. Stelle . .	. . . .
	3. " . .	. . . .
	4. " . .	. . . .
4	Obernkirchen 1. Rektorstelle	. . . .
	2. Stelle .	. . . .
	3. " . .	. . . .
	4. " . .	. . . .
	5. kath. Schule	. . . .
5	Sachsenhagen 1. Rektorstelle	. . . .
	2. Stelle .	. . . .
6	Ahe und Kohlenstedt . .	. . . .
7	Algesdorf	. . . .
8	Apelern 1. Rektorstelle . .	Lyhren . . . .
	" 2. Stelle . .	. . . .
9	Auhagen	Düdinghausen . .
10	Beckedorf	. . . .
11	Bensen	. . . .
12	Borstel	Poggenhagen . .
13	Cathrinhagen	. . . .

Schülerzahl	Grundvermögen der Schulstelle		Schulgeld		Competenz der Stelle	
	Acker	Ruthen.	Thaler.	Sgr.	Thaler.	Sgr
29	—	—	1	25	390	14
50	—	—	1	25	326	1
51	—	—	1	25	296	4
49	4 1/4	9 3/4	1	25	278	9
70	—	—	1	25	198	5
104	—	—	—	—	200	—
32	4 1/2	11 1/2	1 bis 1	8	205	20
64	1 1/2	10	1 bis 1	4 1/2	191	23
121	1/2	19 1/2	1 bis 1	3	188	9
45	2 1/4	31 7/8	1	10	249	11
61	14	6 1/2	1	—	304	18
107	—	—	1	—	191	20
140	—	—	1	—	112	—
53	2 1/2	25 1/4	1	—	262	29
80	2 1/2	25 1/4	1	—	260	11
73	2 1/2	4	1	—	360	13
98	—	—	1	—	167	12
15	—	—	—	—	non li	quet.
46	15	22	1	—	268	18
70	4 1/8	8	1	—	90	12
53	1/4	22 1/2	1	—	64	21
60	1 1/2	—	1	—	80	23
43	1/2	2	1	—	250	28
64	4 1/2	34 5/8	1	—	220	6
86	8	8	1	—	137	27
29	8 1/4	24	1	—	244	4
71	1 1/4	17 1/4	1	—	117	25
85	—	—	1	—	85	6
94	6 3/4	24	1	—	209	[illegible]

Laufende Nummer.	Ort der Schule.	Im Schulverbande stehende Orte.
14	Deckbergen 1. Stelle . .	Ostendorf, Rosenthal
	2. " . .	Weisendorf, Bernsen.
15	Exten 1. Stelle	halb Strücken . .
	2. "	. . . .
16	Fischbeck 1. Stelle . . .	. . . .
	2. "	. . . .
17	Friedrichshagen	. . . .
18	Fuhlen	. . . .
19	Goldbeck	. . . .
20	Großhegersdorf	. . . .
21	Großnenndorf*)	Kleinnenndorf . .
		Kreuzriehe . . .
22	Großenwieden	Kleinenwieden . .
23	Haddesen	Höfingen . . . .
24	Hattendorf	Langenfeld, Escher .
25	Antendorf	Rahden, Nienfeld .
26	Heßlingen	Friedrichsburg . .
27	Hohenrode	halb Strücken . .
28	Hohnhorst 1. Stelle . .	Mathe, Haste . .
	2. " . .	Helsinghausen . .
29	Horsten	. . . .
30	Möllenbeck	Hessendorf . . .
31	Ohndorf	. . . .
32	Pötzen	. . . .
33	Rannenberg	. . . .
34	Rehren, Amts Obernkirchen	Westerwald . . .
35	Rehren, Amts Rodenberg	. . . .
36	Reinsdorf	. . . .
37	Riepen	. . . .
38	Rolfshagen	. . . .

[illegible]	Grundvermögen der Schulstelle.		Schulgeld.		Competenz der Stelle.	
	Acker.	Ruthen.	Thaler.	Sgr.	Thaler.	Sgr.
263	7 1/2	27 1/2	1	—	296	29
	3 1/4	17 1/2	1	—	121	20
166	3 1/4	20 1/2	1	—	241	10
	1	28	1	—	131	6
53	9	7 1/2	1	—	259	6
74	6	32	1	—	256	15
80	1 1/8	12 1/2	1	—	53	12
75	5 3/4	4	1	—	189	26
89	—	28 1/8	1	—	90	3
35	1/4	21 1/2	1	—	48	16
195	16 7/8	16	1	—	409	5
[illegible]	7 1/4	19 3/4	1	3 1/4	274	4
70	3 1/2	21 1/2	1	—	109	4
137	3 1/2	37	1	—	291	21
61	—	—	1	—	88	21
115	1/4	4 3/4	1	—	85	—
110	5 3/4	31 1/4	1	—	189	13
73	6 1/4	4 5/8	1	—	215	6
105		—	1	—	103	20
60	3/4	33 1/2	1	—	60	28
121	3	—	1	—	246	3
53	1/8	17	1	—	83	17
55	7 1/4	15 1/4	1	—	93	14
37	1/2	10	1	—	53	15
77	1 1/2	36	1	—	113	2
67	5/8	2 1/2	1	—	83	2
55	1/2	4	1	—	67	--
77	1 1/2	34 1/2	1	—	83	25
71	4 1/4	30 5/8	1	—	72	25

Laufende Nummer.	Ort der Schule.	Im Schulverbande stehende Orte.
39	Rumbeck	. . . .
40	Schoholtensen	Altenhagen, Wiersen, Kleinholtensen . .
41	Segelhorst *)	Rohden . . . .
42	Sooldorf	Kleinhegesdorf . .
43	Todemann	. . . .
44	Uchtdorf *)	Krankenhagen Volksen Wöseberg.
45	Waltringhausen	Riehe . . . . . .
46	Weibeck	Krückeberg . . .
47	Welsede.	. . . .
48	Wennenkamp	Friedrichswald . .
49	Zersen	Barksen u. Wickbolsen
50	Röhrkasten	Krainhagen . . .

*) Die Schulen zu Großnenndorf, Uchtdorf und Segelhorst sollen in je 2 Stellen getheilt werden.

Schüler-zahl.	Grundvermögen der Schulstelle.		Schulgeld.		Competenz der Stelle.	
	Acker.	Ruthen.	Thaler.	Sgr.	Thaler.	Sgr.
96	—	25	1	—	86	5
53	2	36	1	—	74	3
135	6¾	15⅞	1	—	288	10
49	¼	8½	1	—	58	20
83	—	34	1	—	87	29
214	1¼	4	1	—	203	10
108	3¼	23½	1	—	145	1
53	7	20¼	1	—	151	—
80	3½	34 5/16	1	—	91	12
70	¾	—	1	—	79	16
91	3¼	5⅞	1	—	107	16
66	½	—	1	—	82	15
5610	212 15	33¾ Häus.	—	—	11581	22
	227	33¾				

Zur Ergänzung derjenigen Competenzen, welche den gesetzlichen Minimalgehalt von 100 Thlr. für jede Lehrerstelle nicht erreichen, schießt der Staat jährlich 566 Thlr. 20 Sgr. zu, und verwilligt ferner:

zu Unterstützungen . . . . 650 „ — „
zur Sustentation der Schullehrer-
Lesevereine . . . . 10 „ — „
zu zufälligen Ausgaben . . . . . 10 „ — „
als Gehaltszulage für ältere Lehrer 800 „ — „

sodaß sich der Gesammtaufwand einschließlich der zu den Schulen zu Rinteln stiftungsmäßig verwendeten Summen auf etwa 2200 Thlr. beläuft. Daneben aber verwilligt der

Staat auch noch zu den Kosten neuer Schulhausbauten nach Bedürfniß jedesmal einige hundert Thaler.

Von den 70 Lehrern *) bezieht im Durchschnitte jeder, da

1) die Competenzen**) . . .	11,581 Thlr.	22 Sgr.	
2) die Unterstützungen 2c. des Staates	2026 "	20 "	
betragen und			
3) das Schulgeld sich seit Aufstellung der Competenzen um vermehrt hat,	150 "	— "	
das Gesammteinkommen daher .	13,758 Thlr.	12 Sgr.	

beträgt, jährlich 153 Thaler 21 Sgr. 8 Hlr.***) eine Summe, welche in andern Landestheilen schwerlich wird erreicht werden.†)

In den gewöhnlichen Volksschulen wird in folgenden Fächern unterrichtet:

1. Lesen. 2. Schreiben. 3. Rechnen.
4. Gesang. 5. Religion und 6. Bibelkunde.
7. Aufsatz. 8. Gemeinnützliche Kenntnisse (wozu auch Geschichte, Geographie).

In den Stadtschulen wird Geographie, Geschichte, Naturkunde umfassender gelehrt und im Zeichnen Unterricht ertheilt.

Die gewonnene Bildung der Jugend ist im Allgemeinen eine sehr befriedigende, die noch um so mehr zu-

---

*) Es kommt demnach, da für 5610 Kinder 70 Lehrer bestellt sind, auf je 80 Kinder ein Lehrer, in der Kürze werden aber 3 neue Lehrerstellen gegründet werden.

**) In diesen Beträgen ist das Holzgeld, welches sich nach Bedürfniß richtet, von jedem Kinde aber mit mindestens 2½ Sgr. bezahlt wird, nicht enthalten.

***) Eine Stelle beträgt über 400, 4 betragen über 300, 12 über 250 und 10 über 200 Thlr. an Einkommen.

†) Außerdem bekommt noch jährlich ein tüchtiger Lehrer 24 fl. rhein. aus dem Gräflich Bose'schen Legate.

nehmen wird, je mehr die Eltern in der Lage sein werden, auf ihre Kinder bildend einzuwirken.

Jede Schule wird von dem Lokalschulinspector — dem Pfarrer — öfter im Jahre, von dem Bezirksschulinspector aber mindestens einmal im Jahre visitirt und das Visitationsprotokoll an die Regierungs-Kommission eingereicht.

Nachfolgende Orte stehen außer den obengenannten noch mit ausländischen Orten im Schulverbande:

1) Engern	mit Steinbergen	im Fürstenthum Schaumburg-Lippe.
2) Reinsen	mit Heuersen	
3) Ottensen, 4) Schöttlingen	mit Lindhorst	
5) Schermbeck	mit Luhden	
6) Niengraben und Iddensermoor	mit Iddensen	im Königreich Hannover.

7) Lickwegen mit Sülbeck im Fürstenthum Schaumburg-Lippe.

Es ist dies eine wenig ansprechende Einrichtung, welche auch schon mehrfach Gelegenheit zu dem Versuche gegeben hat, für die betreffenden Orte eigene Schulen zu gründen.

Ff. Landwirthschaft.

In dem Abschnitte von der Produktion wird von dem Betriebe der Landwirthschaft detaillirt die Rede sein. Hier soll nur erwähnt werden, daß in der Grafschaft Schaumburg ein mit dem Fürstenthum Schaumburg-Lippe gemeinsamer Landwirthschaftsverein besteht, welcher es sich zur Aufgabe macht, durch Schriften, Vorträge, Anschaffung von Maschinen, Vieh und dergl. ermunternd und belehrend auf die Landwirthe einzuwirken, und daß bei Rinteln unter der Leitung der Regierungs-Commission eine Fohlenhute eingerichtet ist, auf welcher im Jahre

1857	50	Fohlen und	37	Kühe und Rinder
1858	37	„ „	29	„ „ „
1859	55	„ „	26	„ „ „

aufgetrieben wurden. Es wohnt auf der Weide ein eigner Hirt und dem Kreisthierarzte ist die spezielle Leitung der Anstalt übertragen, auch ist sonst für alle Bedürfnisse genügend gesorgt, die 3 letzten äußerst trockenen Jahre haben aber der Fohlenhute, wie der Fohlenzucht überhaupt, großen Eintrag gethan.

Gg. Handel und Gewerbe.

Auch von diesen wird in dem Abschnitte von der Production näher die Rede sein. Hier soll nur erwähnt werden, daß

1) zu dessen Belebung und Ermunterung in den 4 Amtshauptorten 4 Handels- und Gewerbevereine bestehen, welche sich mit dem Handels- und Gewerbeverein zu Kassel in ständigem Verkehr halten;
2) als erste richterliche ꝛc. Instanz für diejenigen Gewerbetreibenden, deren Gewerbe zünftig sind, an denselben 4 Orten 4 Oberzunftämter ihren Sitz haben, daß
3) den Lehrlingen und Gesellen durch die bestehenden Handwerksschulen Gelegenheit gegeben ist, sich praktisch und theoretisch auszubilden, und daß,
4) insbesondere zur Begünstigung des Handels vom Staate ein Hafen bei Rinteln angelegt ist, welcher gegen ein mäßiges Hafengeld jedem Schiffer zur Benutzung freisteht.

Hh. Polizei.

Die Polizei, als diejenige Thätigkeit der Staatsgewalt, durch welche sie die Person und das Eigenthum der Bevölkerung vor Gefährdung schützt, wird unter Leitung der Staatsbehörden von den Ortsvorständen gehandhabt, zu deren Verfügung in den Städten besondere Polizeidiener bestehen.

In derselben Richtung wirkt zugleich auch das Gendarmeriedistriktskommando in Rinteln, welchem im Ganzen 2 reitende und 12 Fußgendarmen untergeben sind.

In gewissem Sinne sind hierher auch die Flurhüter,

hüter, Nachtwächter und Schleichwachen, welche in jeder Gemeinde bestehen, sowie die Forstschutzjäger und Zolloffizianten zu rechnen.

In Beziehung auf die Feuerpolizei ist in jedem Amtshauptorte ein concessionirter Schornsteinfeger. Feuerspritzen gibt es im Ganzen 31 in der Grafschaft und sind in jedem Orte die nöthigen Feuerlöschgeräthschaften, als Eimer, Brandhaken, Feuerleitern ꝛc. vorhanden. Straßenbeleuchtung ist nur in Rinteln und Obernkirchen eingeführt.

Allgemeine polizeiliche Anordnungen werden von der Regierungs-Kommission nach Anhörung des Bezirksraths erlassen.

Was die Gesundheitspolizei insbesondere anbelangt, so ist die Grafschaft in 4 Physikatsbezirke (Justizamtsbezirke) eingetheilt, in deren jedem ein Physikus und ein Amtswundarzt ihren Sitz haben. Jeder Physikatsbezirk ist sodann in mehrere Impfbezirke und die ganze Grafschaft in 39 Hebammenbezirke eingetheilt, von denen jeder eine, oder mehrere Hebammen hat. Jeder Ort hat ferner einen Todtenbeschauer.

An ausübenden Aerzten wohnen in der Grafschaft außer den 4 Physikern 6, wozu während der Badekur noch ein besonderer Brunnenarzt in Nenndorf kommt. An Wundärzten wohnt außer den 4 Amtswundärzten noch einer in Rinteln.

Die Veterinärpraxis wird von einem Kreisthierarzte und zwei ausübenden Thierärzten besorgt.

Wasenmeistereien existiren in der Grafschaft 3.

Apotheken sind 6 vorhanden.

Seit dem Jahre 1836 existirt sodann ein, vor etwa 8 Jahren in einem Neubaue bedeutend erweitertes Landkrankenhaus, mit welchem eine Entbindungs- und eine Hebammenlehranstalt verbunden ist, und worin die Mehrzahl der Kranken unentgeltliche Aufnahme findet. Es werden darin mit einem Kostenaufwande von 2600—2700 Thlr.

durchschnittlich 240 Kranke jährlich verpflegt und können etwa 30 – 40 gleichzeitig in Behandlung sein.

Im Jahre 1858 wurden 225 Kranke recipirt, von denen 204 geheilt, 12 ungeheilt entlassen wurden und 9 starben. Außerdem wurden 15 Wöchnerinnen darin entbunden.

Geisteskranke, welche unheilbar sind, finden in den Landeshospitälern Haina und Merzhausen Aufnahme; im Landkrankenhause werden nur Heilversuche mit denselben veranstaltet.

Die Anstalt wird fast ausschließlich aus Staatsmitteln erhalten.

II. Verkehrsanstalten.

An Verkehrsanstalten ist die Grafschaft sehr reich, und es wird deren Erweiterung und Verbesserung noch fortwährend angestrebt.

Die Weser, als ältestes Communikationsmittel wird, wenn sie nicht, wie in den letzten 3 Jahren, durch anhaltende Trockenheit zu flach wird, mit Dampf- und andern Schiffen befahren und vermittelt den Transport von Rohprodukten immer noch auf die billigste Weise.

Auf ihren Bau werden fortwährend bedeutende Summen verwandt, derselbe ist aber auch so weit vorgeschritten, daß der Fluß nicht allein in der Grafschaft am besten fahrbar gemacht ist, sondern daß, wenn nicht ungewöhnliche Naturereignisse Zerstörungen in ausgedehnterem Maaße anrichten, der Strom sich in einigen Decennien selbst erhalten muß. Man bemüht sich nämlich, um einestheils die Schifffahrt zu verbessern und anderntheils die Ufer zu verkürzen, den Wasserlauf möglichst einzuengen und bepflanzt die dadurch gewonnenen Flächen mit Weiden, deren Ertrag sich jetzt schon auf jährlich mehr als 1300 Thlr. belauft, nach vollendetem Ausbaue aber wohl das dreifache dieser Summe erreichen wird.

Bis jetzt, wo noch zahlreiche Neubauten ausgeführt

werden, verwendet der Staat, dem die Erhaltung der eigentlichen Schiffbarkeit des Flusses obliegt, jährlich an 3200 Thlr, die Privaten aber, denen der Schutz der Ufer obliegt*) jährlich etwa 4500 Thlr., sodaß der gesammte Bau einschließlich des Erlöses der Weiden, welcher wiederum zu Bauten verwandt wird, sich auf 9000—10,000 Thlr. beläuft. Hierin sind zwar die Kosten der Unterhaltung des Hafens, nicht aber die der Unterhaltung der Weserbrücke zu Rinteln mitbegriffen.

An Landstraßen besitzt die Grafschaft im Ganzen 405,528', welche rein auf Staatskosten gebaut werden, durchschnittlich eine Breite von 30—40 Fuß haben und 14—15000 Thlr. jährlich zu unterhalten kosten. Sie sind durchgängig mit Pappeln ꝛc. oder Obstbäumen bepflanzt; da letztere aber meist den Anliegern gehören, so bringen sie für den Staat nur einen höchst unbedeutenden Ertrag. Auch die Chaussee- und Brückengelder liefern nur ein geringes Erträgniß, weil die meisten Fuhren Freiheit vom Chausseegelde genießen. Erstere betrugen im Jahre 1859 netto 2989 Thlr. 18 Sgr. 11 Hlr., letztere 413 Thlr. 13 Sgr. 2 Hlr., im Ganzen also 3403 Thlr. 2 Sgr. 1 Hlr. Von den auf den Staatsstraßen befindlichen Brücken ist nur die zu Rinteln über die Weser erwähnenswerth, welche um das Jahr 1847 erbaut, gegen 120,000 Thlr. kostete, schon jetzt aber, da sie mit einer hölzernen Ueberlage versehen ist, jährlich mehrere tausend Thlr. zu unterhalten kostet.

An Landwegen besitzt die Grafschaft 541,283'.**) Diese werden, da der Staat nur für außerordentliche Fälle

*) Es concurrirt hierzu, jedoch in verschiedenem Maaßstabe, in Gemäßheit der Verordnung vom 1. Dezember 1786 die gesammte Grafschaft.

**) Demnach besitzt die Grafschaft an ausgebauten Wegen 946,811', oder 72,8 Stunden, d. h. auf jede Quadratmeile 9 Stunden Wege, 51,937' sind noch im Bau begriffen.

1000 — 1100 Thlr. jährlich dafür verwendet, fast ausschließlich von den Gemeinden gebaut und sind so vortrefflich gebaut und unterhalten, daß, obgleich das Gesetz gestattet, jeden pflichtigen Unterthan zu diesem Zwecke jährlich 14 Tage zu beschäftigen, jetzt nur eine 1-2tägige Heranziehung im Durchschnitte erfolgt. Sie sind 16-20' breit und, wo es angeht, mit Obstbäumen bepflanzt; die entweder den Anliegern, oder den Gemeinden gehören. Chausseegeld wird auf diesen Wegen der Regel nach nicht erhoben *)

Ein Hauptverkehrsmittel bildet sodann noch die Eisenbahn von Hannover nach Preußisch-Minden, welche das Amt Rodenberg bei der Station Haste in einer Länge von 36,874' durchschneidet und für den Verkehr des nördlichen Theils der Grafschaft von unberechenbaren Vortheil ist.

Wie bedeutend der Verkehr auf dieser kurzen Strecke ist, geht daraus hervor, daß die Bahn im Jahre $18^{57}/_{58}$, wo der gesammte Unterhalt für jene Länge 69994 Thlr. kostete, da sie 137,800 Thlr. Brutto einbrachte, doch noch 67,806 Thlr. rein für Kurhessen abwarf, und in dem Jahre $18^{58}/_{59}$ wird sich dieser Ertrag noch bedeutend erhöht haben. Ihr Bau hat 437,654 Thlr. gekostet.

Kk. Sonstige Anstalten zur Förderung der Volkswirthschaft.

Hier sind zu erwähnen:

1) Die Landeskreditkasse.

Durch das Gesetz vom 23. Juni 1832 ins Leben

---

*) Im Jahre 1838 betrug die Länge der Staatsstraßen 396097', hat sich seit jener Zeit also nur um 9431' vermehrt; daß aber in der Statistik von Avenarius die Länge der Communalwege auf 1,046,310' angegeben ist, muß auf einem Irrthume beruhen, da diese jetzt nur 541,283' betragen und sich seit 1838 doch bedeutend vermehrt haben. Vielleicht hat Avenarius die Feldwege, welche ich außer Acht gelassen, zum Theil mitgezählt.

gerufen, hatte sie die Hauptbestimmung, den Grundbesitzern die festgestellten Ablösungskapitalien zu theilweise sehr ermäßigten Zinsfuße vorzuschießen, zugleich aber auch sonst auf Immobilien Darlehn zu geben. Für letztere erhebt sie $4^1/_2$ % Zinsen und mindestens $^1/_2$ % Capitalabtrag, so daß sich alle aus ihr entliehenen Capitalien nach und nach abtragen. Zur Beschaffung der Gelder hat sie vierprocentige kündbare Obligationen ausgegeben, welche ein namentlich bei dem Bauernstande, sehr gesuchtes Papier bilden.

In der Grafschaft sind 1,024,309 Thlr. ausgeliehen, im Jahre 1859 aber allein bei den Rentereien die Coupons von 632,475 Thlr. Obligationen realisirt worden.

2) Die Immobiliarbrandkasse.

In dieser, welche durch die Verordnung vom 27. April 1767 gegründet ist, muß jedes verpfändete Gebäude Kurhessens versichert sein.

Die Gesammtsumme der Versicherungen der Gebäude in der Grafschaft beträgt 6,278,630 Thaler *). Sie ist auf Gegenseitigkeit gegründet und wird ihr Geldhaushalt durch die Rentereien vermittelt.

3) Die Mobiliarbrandversicherungsanstalten.

Als solche sind für die Grafschaft 8 concessionirt, bei welchen ein Capital von 2,488,214 Thaler versichert ist.

4) Die Spar- und Leihekassen.

In den Städten Oldendorf, Rodenberg und Obernkirchen sind deren erst mit dem Anfange des Jahres 1859 errichtet. Die zu Rinteln besteht schon länger und erfreut sich einer bedeutenden Frequenz. Ihre Einlagen wuchsen

---

*) Wie außerordentlich sich der Wohlstand des Landes in dem letzten Jahrhundert gehoben haben muß, geht daraus hervor, daß die Verordnung von 1767 erst dann in das Leben treten sollte, wenn in ganz Hessen für 4,000,000 Thaler Gebäude versichert wären.

von 1853—1858 von 56,460 Thaler auf 123,211 Thaler und da sie die Einlagen nur mit 3 % verzinst, von den eingelegten Geldern aber bis zu 5 Thaler Zinsen per 100 bezieht, liefert sie schon einen beträchtlichen jährlichen Ueberschuß.

5) Agenturen zur Beförderung von Auswanderern

sind in der Grafschaft 3 concessionirt.

6) Das Wochenblatt.

Dieses wird unter Aufsicht der Regierungs-Commission wöchentlich ausgegeben und bildet das officielle Organ für Verfügungen der Behörden, sowie es auch Bekanntmachungen aller Art aufnimmt. Der gesammelte Ueberschuß von etwa 550 Thlrn. ist bestimmt, gelegentlich zur Gründung einer wohlthätigen Anstalt verwendet zu werden.

7) Die Leggeanstalt.

Zur Prüfung, Bezeichnung und Versteigerung des Leggeleinens, welches, wie weiter unten ausgeführt werden wird, einen bedeutenden Exportartikel bildet, besteht zu Rinteln eine Leggeanstalt *).

C. Justizverwaltung.

Unter Leitung des Justizministeriums wird die Straf- und Civilrechtspflege in dritter, beziehungsweise Cassations-Instanz, von dem Oberappellationsgerichte, in zweiter Instanz von dem Obergerichte zu Kassel verwaltet **).

Als erste Instanz bestehen:

1) für alle Civilsachen, sowohl für die freiwillige, wie für die streitige Gerichtsbarkeit und das Vormundschaftswesen

4 Justizämter, zu Rinteln, Rodenberg, Oldendorf und Obernkirchen.

---

*) Verordnung vom 27. Oktober 1834.

**) welches auch die 1. Instanz für einige eximirte Personen bildet.

2) In strafrechtlicher Beziehung erkennen in 1. Instanz:

a) die Justizämter

α. unbeschränkt über alle Forst-, Jagd-, Fischerei-, Bau- und Feldpolizeivergehungen, sowie über Uebertretungen der gemeinheitlichen Sicherheitsmaßregeln,

β bis zu drei Monaten Arrest-, oder 2 Monaten Zuchthaus-, oder 50 Thaler Geldstrafe über alle andere Vergehungen, welche nicht dem Criminal- oder Schwurgerichte überwiesen sind;

b) das Criminalgericht zu Rinteln

α. über alle nicht den Justizämter speciell überwiesenen Vergehungen, soweit sie keine härtere Strafe, als 5 Jahre Festung und Arbeitshaus oder 4 Jahre Eisen, oder Dienstentsetzung zur Folge haben,

β. über alle Anklagen wegen Majestätsbeleidigung, Aufruhr, Preßvergehen und alle qualificirten Diebstähle, sowie über die Diebstähle im 1. und 2. Rückfalle;

c) das Schwurgericht zu Rinteln

α. über die Diebstähle vom 3. Rückfalle an und

β. über die nicht zur Competenz des Criminalgerichts gehörigen Vergehen.

Die Geschworenen werden in der Art bestellt, daß die Regierungs-Commission aus den von den Ortsvorständen aufgestellten Urlisten dem Obergerichtsdirectorium vierteljährlich 60 Personen zu Hauptgeschworenen, aus denen dieses 36 für jede Sitzung auswählt und eine angemessene Zahl Ergänzungsgeschworenen vorschlägt.

Die öffentliche Anklägerschaft bei dem Criminal- und Schwurgerichte ruht in der Hand eines Unterstaatsprokurators, die bei dem Justizämtern in der Hand der Regierungs-Commission.

Die gewöhnlichen Arreststrafen, welche von den Gerichten erkannt werden, werden in den Justizamtsgefängnissen abgebüßt, die Arbeitshausstrafen in Fulda und Ziegenhain die Zuchthausstrafen in den Zuchthäusern zu Cassel, die Eisenstrafen in Marburg und Cassel, die Festungsstrafen in Spangenberg.

In beifolgender Tabelle sind diejenigen Verbrechen aufgeführt, welche in den Jahren 1837—1859 die Thätigkeit der Strafrechtsbehörden in Anspruch nahmen; nur die Sabbaths- und unbedeutenderen Polizeivergehen sind dabei nicht erwähnt worden.

Von den in der zweiten Spalte aufgeführten Personen, welche von den Gerichten verurtheilt wurden, gehört aber ein großer Theil dem Auslande an, was bei der isolirten Lage der Grafschaft zwischen zahlreicher *) Herren Länder nicht zu verwundern ist.

Bezeichnung der Vergehen und Verbrechen.	Zahl derselben.	Zahl der bestraften Personen.
1) Mord	1	1
2) Todtschlag	3	1
3) Abtreibung der Leibesfrucht	1	1
4) Körperverletzung	26	20
5) Mißhandlung	158	119
6) Nothzucht	2	—
7) Pasquil	4	2
8) Hausfriedenbruch	15	13
9) Raub	1	—
10) Qualificirter Diebstahl	68	34
11) Einfacher Diebstahl	246	100
12) Unterschlagung	14	7
13) Betrug	28	13
14) Fälschung	12	6
15) Grenzverrückung	1	—

*) Vom Papenbrink aus sieht man in 8 verschiedene Territorien.

Bezeichnung der Vergehen und Verbrechen.	Zahl derselben.	Zahl der bestraften Personen.
16) Brandstiftung	3	—
17) Boshafte Beschädigung fremden Eigenthums	15	9
18) Ruhestörung	120	110
19) Eigenmacht	11	7
20) Thätliche Widersetzlichkeit	9	8
21) Bedrohung öffentlicher Diener . . .	1	1
22) Widersetzlichkeit	13	10
23) Von Amtswegen zu ahndende Beleidigung	88	67
24) Meineid	2	1
25) Ehebruch	1	1
26) Inzest	1	1
27) Concubinat	7	2
28) Grobe Unsittlichkeit	3	3
29) Völlerei	40	35
30) Landstreicherei	24	23
31 *) Betteln	31	29
32) Selbstmorde	18	—

Die Zahl der von den Gerichten geleiteten Concurse beträgt im Durchschnitt 4, die der Zwangsversteigerungen 22.

*) Die Statistik von Avenarius führt an, es seien in 12 Jahren nur folgende Vergehungen: eine Mordthat, eine Brandstiftung, eine Falschmünzerei, zwei Inzeste, eine Blasphemie, eine lebensgefährliche Verwundung, zwei Raubanfälle, 227 erhebliche Diebstähle vorgekommen. Diese Angabe muß aber unrichtig sein, denn es haben sich seit 20 Jahren die Menschen, namentlich auch hier, nicht verschlechtert.

D. Finanzverwaltung.

Unter oberster Leitung des Finanzministeriums zu Cassel wird

1) die Festsetzung der Steuern durch die Steuerinspection zu Rinteln bewirkt;
2) die Vermessung des Grund und Bodens zu Staats- und Privatzwecken durch 3 Landmesser;
3) die Verwaltung der Forsten durch die Forstinspection zu Rinteln, welcher zu dem Ende 8 Revierförster untergeordnet sind;
4) die Verwaltung der Saline Rodenberg durch das dasige Salzamt;
5) die Verwaltung des Bergregals im übrigen durch das Gesammtbergamt Obernkirchen*);
6) die Erhebung der Steuern, der Domanial- und Forsteinkünfte, sowie derjenigen Einkünfte des Staates, welche nicht anderen Behörden speziell überwiesen sind, durch die 4 Rentereien an den 4 Hauptorten der Justizamtsbezirke;
7) die Zollverwaltung, soweit sie den inländischen Lokalbehörden obliegt, durch das Hauptsteueramt zu Rinteln;
8) die Stempelverwaltung durch verschiedene Stempeldistributionen

besorgt;

9) Poststationen sind in der Grafschaft 6.

Oberbehörden sind für die unter 1 und 2 genannten Behörden das Obersteuerkollegium,
für die unter 3 genannte Behörde das Oberforstkollegium,
für die unter 4 und 5 genannten Behörden die Oberberg- und Salzwerksdirektion,

---

*) Das Gesammtbergamt Obernkirchen ist zwischen Kurhessen und dem Fürstenthum Schaumburg-Lippe gemeinschaftlich.

für die unter 6 genannte Behörde die Oberfinanzkammer *),

für die unter 7 und 8 genannten Behörden die Oberzoll-Direction,

für die unter 9 genannten die Generalpost-Inspection, sämmtlich zu Cassel.

E. Kriegsverwaltung.

Besondere militärische Behörden sind in der Grafschaft, wo kein Militär stationirt ist, nur 2, nämlich:

1) die Commandantur zu Rinteln;
2) die Etappencommandantur zu Oldendorf für die die Grafschaft durchschneidende Etappenstraße des Königreichs Preußen.

Die Rekrutirung wird jährlich zu Rinteln abgehalten und lieferte in 1858 und 1859 folgendes Resultat:

1858	Pflichtige 519,	Brauchbare 174,	Eingestellte 101;
1859	" 476	" 220	" 138.

Der kurhessische Soldat dient 5 Jahre im ersten und 5 Jahre im zweiten Aufgebot. Zur Zeit dienen aus der Grafschaft:

I. im ersten Aufgebote		
a. bei der Garde du Corps	18	Mann
b. " den Husaren	56	"
c. " der Leibgarde	81	"
d. " " leichten Infanterie	61	"
e. " " Linieninfanterie	245	"
f. " " Artillerie rc.	66	"
g. " dem Train	22	"
II. im zweiten Aufgebote	780	"
Summe	1329	"

oder $3^1/_2$ % der Bevölkerung.

*) Die Rentereien besorgen auch die Erhebung der Einnahmen und die Bestreitung der Ausgaben für die Landeskreditkasse und die Generalbrandversicherungskommission.

VI.

Production.

A. Die Bodenerträgnisse.

Die gesammte Bodenfläche der Grafschaft beträgt nach den vorliegenden Details 183,375 Acker und vertheilt sich in folgender Weise:

1) Der Staat besitzt . . .	63,013$\frac{5}{8}$	Ack.	— Rt.
2) die Stifter Fischbeck und Obernkirchen	2,096$\frac{1}{4}$	„	— „
3) die Kirchen, Pfarreien und Schulen	1,809$\frac{1}{2}$	„	25 „
4) die Städte u. Landgemeinden	12,418	„	— „
5) die Privaten	104,037$\frac{1}{2}$	„	13$\frac{3}{8}$ „

Zu 1. Dem Staate gehören:

a. die Heerstraßen, Landwege, öffentlichen Gewässer	2496	Ack.
b. die Staatsforsten einschließl. der s. g. Interessentenwaldungen	53,553	„
c. die Domänen und sonstige Ländereien	6,964$\frac{5}{8}$	„
Summe . . .	63,013$\frac{5}{8}$	„

Zu 2. Von den beiden adeligen Fräuleinstiftern *) besitzen:

a. das Stift Fischbeck	1,614$\frac{5}{8}$	Ack.
b. das Stift Obernkirchen	481$\frac{5}{8}$	„
Summe . . .	2,096$\frac{1}{4}$	„

Zu 3. Diese Summe *) zerfällt in:

a. das Vermögen der Kirchen mit	36$\frac{1}{4}$	Ack.	13$\frac{1}{4}$	Rt.
b. das Vermögen der Pfarreien mit	1,546	„	11$\frac{3}{4}$	„
c. das Vermögen der Schulen mit	227$\frac{1}{4}$	„	—	„
Summe . .	1809$\frac{1}{2}$	„	25	„

---

*) Das Grundvermögen der Stifter, Kirchen, Pfarreien und Schulen ist steuerfrei.

Zu 4. Die Städte und Landgemeinden besitzen:

a. vollkommen freies Eigenthum	. . . .	11,018 Ack.
b. an s. g. Gemeinheiten *) etwa	. . . .	1,000 „
c. an Feldwegen ꝛc.	. . . .	400 „
	Summe . .	12,418 „

*) Hinsichtlich dieser Gemeinheiten waltet in der Grafschaft Schaumburg ein in den übrigen Landestheilen ganz unbekanntes Rechtsverhältniß ob, dessen Entstehung und Umfang in sehr verschiedener Weise aufgefaßt wird. Der Staat nimmt nämlich an diesen Flächen das s. g. Ausweisungsrecht in Anspruch und behandelt dieses als ein dominium directum, welches so weit beschränkt wäre, daß es nur noch in der Befugniß bestände, den Gemeinden die Verfügung über die Substanz zu verbieten und unter gewissen Voraussetzungen selbst darüber zu disponiren. Der Nutzen der Grundflächen steht dagegen allein den Gemeinden, beziehungsweise Privaten, zu; da diese aber die Culturweise nicht ändern können, so bleiben die oft aus dem besten Boden bestehenden Flächen meist Huten schlechtester Art und der Wunsch der Gemeinden, sie anderweit zu benutzen, hat den Staat dazu bestimmt, sein Recht, oft gegen hohen Preis, denselben zu verkaufen.

Von anderer Seite faßt man das Recht nur als ein in früherer Zeit entstandenes Hoheitsrecht des Staates auf, kraft dessen er die Befugniß habe, die Gemeinden unter bestimmter Voraussetzung zu zwingen, einen Theil dieser Gemeinheiten an Private zu Neubauten oder zum Umroden zu veräußern, d. h. einen Theil derselben zu Rottländereien ꝛc. auszuweisen. Für diese Auffassung spricht nicht allein der Name des Rechtes, sondern insbesondere die Analogie eines unter demselben Namen im Fürstenthum Lippe-Detmold bestehenden Rechtes. Ob aber der Staat sich einmal zu dieser Auffassung verstehen wird, ist noch sehr problematisch. Zweckmäßig wäre es jedenfalls für beide Theile, wenn er es thun würde. In diesem Falle würde das betreffende Land nämlich freies Eigenthum der Gemeinden werden und diese würden mindestens den 30—40fachen Nutzen daraus ziehen, der Staat aber würde ebenfalls ein lucratives Geschäft machen. Es ist ihm zwar bis jetzt gelungen, für die Entäußerung seines Rechtes hier und da einen Preis von 2—4 Thaler per Acker zu erzielen; da aber die bezüglichen Grundflächen nicht in der Grundsteuer veranlagt werden, so entgeht ihm die Rente eines Capitals von ungefähr 6⅔ Thaler per

Unter dem Eigenthum der Gemeinden ist der im Fürstenthum Lippe-Detmold gelegene bedeutende Wald der Stadt Rinteln, der Rinteln'sche Hagen, nicht mitaufgeführt; dagegen ist darunter der weiter unten, wo von der Forstwirthschaft die Rede sein wird, näher besprochene Stiftsfischbecker Gemeindewald, welcher dem Stifte Fischbeck und einer Anzahl Landgemeinden gehört, mitgerechnet.

Zu 5. Von dem im Ganzen 104,037 Acker betragenden Lande einzelner Privaten sind noch etwa 11,900 Acker exemtensteuerpflichtig *), d. h. zahlen nur die Hälfte der gewöhnlichen Grundsteuer. Das nicht exemtensteuerpflichtige Land ist größtentheils meierstättisch **). Das vollkommen

Acker, indem der Acker in der Grafschaft schon nach alter Bonitirung durchschnittlich mit 10 Sgr. besteuert ist. Nach neuer Bonitirung wird der Verlust aber noch bedeutender sein.

*) Die Masse des exemtensteuerpflichtigen Landes war ehedem viel bedeutender, indem auch alle Lehngüter dazu gehörten. Nachdem aber das Lehnsverhältniß fast ganz aufgehoben ist, zahlen nur noch die Besitzer derjenigen Grundstücke diese Steuer, welche aus anderen Gründen exemtensteuerpflichtig waren.

**) Ehemals waren mit Ausnahme weniger Dörfer und Neubauerstellen alle Bauerngüter meierstättisch, d. h. sie waren Colonate, an denen dem Staate das Obereigenthum zustand, und die mit mancherlei, theilweise sogar noch aus der Leibeigenschaft hervorgegangenen, Abgaben an den Staat und auch an Private belastet waren, auch nach einer besonderen, durch die Schaumburger Polizeiordnung von 1615 und die Meierordnung vom 21. October 1774 regulirten, mancherlei Merkwürdiges darbietenden Erbfolgeordnung sich vererbten und sonst noch zahlreiche Eigenthümlichkeiten an sich trugen. Durch die inmittelst erlassenen Ablösungsgesetze, namentlich durch den zweiten Theil des Gesetzes vom 26. August 1848, hat sich dies aber wesentlich geändert.

Gegenwärtig sind alle Reallasten, welche auf den Schaumburger Meiergütern ruhten, durch Ablösung, bzhw. durch die gesetzlichen Bestimmungen selbst erloschen, und die Ablösungssummen meist von der Landeskreditkasse vorgestreckt. Die Güter sind jetzt volles freies Eigenthum des Inhabers und nur noch durch zwei Eigenthümlichkeiten ausgezeichnet, nämlich dadurch, daß sie

freie Eigenthum nimmt nur etwa den dritten Theil des nicht dem Staate selbst gehörenden Landes ein und beschränkt

1) bis zu 60 Acker geschlossen sind und sich als geschlossene Güter nicht über 300 Acker vergrößern dürfen, und
2) nach einer eignen Erbfolgeordnung sich vererben.

Wegen ihrer Geschlossenheit nämlich gehen sie nur auf ein Kind und zwar bei mangelnder Auswahl des Vaters oder der Mutter auf das älteste, beziehungsweise nur auf einen Erbberechtigten über, welcher die sonst nach der Intestaterbfolge gleichzeitig berufenen Miterben in der Weise abzufinden verpflichtet ist, daß er, nachdem er die Hälfte des Reinwerthes des Gutes als Voraus erhalten, von der anderen Hälfte und dem Allodialvermögen nur seine Rate erhält und den Rest herausgeben muß. Die Schulden bleiben auf dem Hofe haften und ist der Anerbe zunächst allein zu deren Tilgung und Verzinsung verpflichtet. Eine Besonderheit ist hier noch statuirt, daß nämlich bei kinderloser Ehe die Frau in erster Stelle als Erbin eintritt, wenn die Ehe Jahr und Tag gedauert hat.

Noch verdienen die Gebände der Schaumburger Landleute einer besonderen Erwähnung, weil sie sich wesentlich von denen in den übrigen kurhessischen Landen unterscheiden. Die Mehrzahl derselben ist auf einer kaum über das Niveau des Bodens sich erhebenden Grundmauer von roh bearbeiteten Steinen in Holzfachwerk erbaut, die Gefache sind mit Lehm-, Back- oder Bruchsteinen, oder Fitzgerten ausgefüllt und die Dächer noch zum großen Theile mit Stroh bedeckt; unter den auf dem platten Lande befindlichen 4193 Wohnhäusern haben allein noch 578 Dächer von Stroh. Sie gehören der altsächsischen Bauweise an.

Die innere Einrichtung ist in der Regel folgende: Durch ein großes Einfahrthor gelangt man auf die Tenne, zu deren rechter und linker Seite die Stallungen sich befinden, in welchen das Vieh dergestalt angebunden ist, daß Pferde und Kühe von der Tenne aus gefüttert werden und mit den Köpfen nach derselben gerichtet sind. Im Hintergrunde der Tenne ist der Heerd, und muß sich der Rauch durch Decke und Dach einen Ausweg suchen, weil kein Schornstein vorhanden ist. Rechts und links neben der Küche befinden sich aber die Wohnräume, die also nach hinten, meist in einen Baum- und Grasgarten, sehen.

Ueber diesem Erdgeschosse läuft dann eine niedrige, oft kaum 5' hohe Etage her, die s. g. Böhne, welche Schlaf-, Futter- und

sich meist auf die Grundstücke einer Reihe von großen Gütern und auf die städtischen Gemarkungen.

Nach seiner Benutzungsweise zerfällt das Land in:

1) Flüsse, Wege 2c.	2,896	Acker.
2) Waldungen	66,050	„
3) Ackerland	85,114	„
4) Wiesen	13,793	„
5) Huten und Kämpe	11,745	„
6) Gebäude und Höfe	1,170	„
7) Triescher	2,607	„
Summa	183,375	„

Diese Eintheilung weicht zwar von der in der Statistik von Avenarius enthaltenen wesentlich ab, ich glaube aber, daß sie der Wahrheit, welche sich bei der mangelhaften Katastrirung nicht genau ermitteln läßt, wenigstens sehr nahe kommt. Das Ackerland, welches damals zu 77,000 Acker angegeben war, hat sich durch zahlreiche Umbrüche von Huten und Umlegungen von Wiesen inmittelst bedeutend erhöht, und die letzteren haben sich nicht unbeträchtlich vermindert, so daß auch die damalige Angabe als wesentlich richtig angenommen werden kann.

sonstige Kammern enthält und oft nur mittelst einer Leiter zugänglich ist. Ueber allen diesen Räumen ist aber der als Scheuer benutzte Boden. Schweineställe 2c. sind meist getrennt, das Federvieh hat aber oft seinen Platz im Wohnhause. Bei größeren Höfen befinden sich dann auch getrennte Scheunen. Näheres bietet Dr. Landau's Schilderung des sächsischen Hausbaues im Korresp. Blatt des Gesammtvereines 2c. Jahrgang 1859.

Es versteht sich übrigens von selbst, daß hier nur von älteren Gebäuden die Rede ist. Bei beabsichtigten Neubauten wird zu solcher Einrichtung, obgleich der vorgelegte Riß meist nach denselben Grundsätzen aufgestellt ist, die polizeiliche Erlaubniß nicht leicht ertheilt und auch bei größeren Reparaturen wird auf Abstellung der alten Bauart Rücksicht genommen, namentlich dürfen keine neue Deckungen mit Stroh und Hohlziegeln stattfinden und, wo es irgend möglich, wird darauf gesehen, daß auch die alten Häuser Schornsteine erhalten.

Im Speziellen sei hier Folgendes bemerkt:

1) Landwirthschaft.

Die Landwirthschaft ist in der Grafschaft Schaumburg die vorzüglichste Erwerbsquelle *) und wird dies durch die theilweise Geschlossenheit der Güter, welche bedingt, daß wenigstens Ein Kind von jedem entsprechend großen Hofe sich ausschließlich, oder doch hauptsächlich, dem Landbaue widmet, wesentlich begünstigt.

Durch die seit dem Jahre 1832 erlassenen Ablösungsgesetze sind alle die Schranken, welche vorzugsweise einer rationellen Bewirthschaftung des Grund und Bodens entgegenstanden, durchbrochen, und durch zahlreiche Theilungen der Gemeinheiten und Cultivirung oder Huteflächen, die noch immer mehr und mehr in Gang kommen, sind dem Ackerbau weitläufige Flächen eröffnet worden, auf denen bis dahin Kühe, Schaafe und Gänse, sowie Schweine zwischen Haidekraut und Ginster (genista anglica) auf magerem Rasen eine spärliche Nahrung fanden.

Zwar sind inmittelst die Grundsteuern erhöht worden und werden noch erhöht; bei den eingetretenen höheren Fruchtpreisen, mit welchen die Bestellungskosten um so weniger im Verhältnisse geblieben sind, als die außerordentliche Verbesserung aller Communikationsmittel einen bedeutend geringeren Zugviehstand gegen früher bedingt, hat sich aber dennoch der Wohlstand der Schaumburger Landwirthe in den letzten beiden Jahrzehnten sehr gehoben. Güter, welche ehedem ihrem Eigenthümer nur ein knappes Auskommen sicherten werfen jetzt schon einen Ueberschuß ab und andere, welche früher ihren Eigenthümer nöthigten, noch nach Nebenverdienst zu suchen, ernähren ihn jetzt schon allein.

Dieses Verhältniß wird sich aber noch weit günstiger gestalten, wenn die zahlreichen Huten, was in einigen

*) Es nähren sich von ihr 1321 Familien ausschließlich und etwa 2500 Familien zum Theil.

Jahrzehnten sicher der Fall sein wird, erst einmal gänzlich getheilt sein werden, soweit dies der Boden gestattet. Mit dem Verschwinden dieser großen Viehweiden wird sich der noch immer bedeutende Stand an Pferden auch mehr dem Bedürfnisse der Ackerwirthschaft anschließen, indem der Mangel an Dünger die Landwirthe nöthigen wird, Rindvieh statt Pferde zum Anspanne mehr, als es jetzt Sitte ist, zu verwenden.

Es sind dies jedoch Alles Verbesserungen, welche erst nach und nach Eingang finden können. Der Aufschwung, welchen die Landwirthschaft in den letzten 25 Jahren genommen hat, ist bedeutend genug, um zu den erfreulichsten Hoffnungen zu berechtigen, und der seit Jahren bestehende Landwirthschaftsverein, an dem sich auch viele Bauern betheiligt haben, hat nicht verfehlt, die besten Resultate herbeizuführen. Wenn aber erst einmal alle Landeskreditkassen-Capitalien, die zur Bezahlung der Ablösungsgelder erborgt sind, durch den gesetzlichen Abtrag getilgt sein werden, was bei den zuerst aufgenommenen schon bald eintreten wird; wenn dann die Mehrzahl der Höfe schuldenfrei sein werden und der Hofbesitzer in die Lage kommen wird, alle seine Ueberschüsse wieder zur Verbesserung seiner Aecker ꝛc. zu verwenden, so unterliegt es keinem Zweifel, daß sich der Wohlstand der Schaumburger Landleute in kaum zu berechnender Weise steigern wird.

Wie wir oben gesehen haben, beträgt die Summe des Ackerlandes, der Wiesen, der Huten und Kämpe etwa 110,600 Acker. Von diesen gehören zu 6 Staatsdomänen und 24 anderen, nicht im Colonatsverbande stehenden, größeren Gütern 15,200 Acker. Etwa 25,000 Acker gehören zu denjenigen 177 Colonaten, welche die Größe von 100 Casseler Acker übersteigen, etwa 30,000 Acker zu den 379 Colonaten, zu welchen mehr als 50 Acker gehören, etwa 12,000 zu den 251 Colonaten, welche die Größe von 25 Acker erreichen und der Rest mit etwa 28,000 Acker vertheilt sich auf die 2285 Colonate mit weniger als 25

Casseler Acker, die Neubauerstellen, Kirchen, Pfarreien, Schulen und die städtischen Landbesitzer. Die Besitzer dieser 2285 Colonate können sich, der Regel nach, von dem Gute allein nicht ernähren, sondern treiben nebenbei irgend ein Handwerk oder Tagelohn. Doch gibt vielen unter ihnen auch die Zerschlagung von 8 der oben genannten 24 Güter, zum Zwecke der Einzelverpachtung u. s. w. Gelegenheit, durch Pachtungen ihren Ackerbau so auszudehnen, daß er sie allein ernährt.

a. Ackerbau.

Bei der großen Verschiedenheit des Bodens, welcher sich auch, wie aus den oben angegebenen geognostischen Verhältnissen hervorgeht, öfters vorzugsweise nur für eine gewisse Fruchtgattung eignet, bei der örtlichen Lage vieler Feldmarken, z. B. im Weserthale, die häufigen Ueberschwemmungen ausgesetzt sind, besteht, mit Ausnahme der großen Güter, wo ein durch den Boden und andere örtliche Verhältnisse bedingtes rationelles System eingeführt ist, kein festes Ackerbausystem, sondern Jeder benutzt seinen Acker nach Convenienz, wobei leider noch oft eine mangelhafte Fruchtfolge beobachtet wird. Eine reine Brache findet jedoch nur selten statt.

Unter diesen Umständen ist es außerordentlich schwierig eine sorgfältige und sich gleichbleibende Uebersicht der verschiedenen Feldbestellungen zu liefern. Die folgende Zusammenstellung, wobei bemerkt wird, daß überall Mittelernten zu Grunde gelegt sind und auf die verschiedene Productivität des Bodens Rücksicht genommen worden ist, dürfte aber der Wirklichkeit ziemlich nahe kommen, da sie auf ungefähren Angaben der Feldbestellung aus jedem einzelnen Orte gegründet ist.

Die nebengesetzten Preise sind nach der um Neujahr 1860 aufgenommenen Uebersicht berechnet. Einen Durchschnitt aus den Preisverhältnissen der letzten 3 Jahre zu ziehen, erschien nicht thunlich, weil diese, obgleich außerordentlichen

Schwankungen unterworfen, doch im Allgemeinen, namentlich bezüglich der Sommerfruchtgattungen eine Höhe erreichten, welche einen unrichtigen Ueberblick über das Ganze geben würde; die berechneten Preise stimmen vielmehr mit denjenigen überein, welche nach einem gewissen Durchschnitt seither gegolten haben und voraussichtlich noch auf einige Zeit gelten werden.

Hiernach vertheilt sich die Gesammtsumme der 85,114 Acker Ackerland folgendermaßen:

Fruchtgattung.	Ackerzahl des bestellten Landes*)	Ertrag des Ack. in Schaumburger Himt.**)	Werth des Himt. Thlr	Summe des Ertrages in Himten.	Summe des Werthes***).
Roggen	26316	14	$1\frac{14}{30}$	368424	540355
Waizen	9456	13	$1\frac{19}{30}$	122928	200782
Gerste	7391	16	$1\frac{3}{30}$	118256	130082
Hafer	12908	20	$\frac{3}{4}$	258160	193620
Hülsenfrüchte (Bohnen, Wicken, Erbsen, Linsen)	7496	12	$1\frac{1}{2}$	89952	134928
Kartoffeln . . .	6156	90	$\frac{1}{3}$	554040	184680
Rübsamen . . .	3662	9	2	32958	65916
Futterkräuter . .	6228	—	—	186840 Ctr	—
Lein	1683	—	—	—	25245
Kraut	222	—	—	—	3552
Sonstige Gewächse	33	—	—	—	—
Brache	3563	—	—	—	—
	85114				

*) Der Schaumburger rechnet meistens nach Morgen. Der Morgen hält 120 Schaumburger Quadratruthen, à 2067,$_{103}$ Pariser Linien oder 16 Werkfuß zu 129,$_{194}$ Pariser Linien, und ist gleich 164 Casseler Quadratruthen.

**) Der Himten, in 4 Metzen getheilt und 6mal genommen ein Malter ausmachend, hält $1667\frac{3}{20}$ Cubikzoll und gehören deren $4\frac{4}{7}$ zum Casseler Viertel.

Zugleich soll hier auch der Uebersicht halber erwähnt werden, daß als Flüssigkeitsmaße folgende in der Grafschaft gelten:

1 Oxhoft = 6 Anker (1 Ohm = 4 Anker),
1 Anker = 27 Maaß,
1 Maaß = 4 Ort,
1 Ort = $76\frac{736}{1000}$ Pariser Cubikzoll.

***) Der Ertrag an Stroh rc. ist hier, wie auch später bei Berechnung

In guten Jahren steigt und in schlechten Jahren fällt der Ertrag natürlich nach Verhältniß.

Vergleicht man diese Uebersicht mit der vom Jahre 1838 *), so knüpfen sich daran folgende Betrachtungen.

Zunächst sehen wir, daß sich die gesammte Ackerfläche um mehr als 8000 Acker vergrößert hat, welche, wie oben bereits erwähnt worden, theils durch Anrodung von Haiden, theils durch Umlegung von Wiesen und Kämpen in Ackerland entstanden sind. Dieses Mehr vertheilt sich aber nicht gleichmäßig auf die einzelnen Fruchtgattungen, sondern wir sehen bedeutende Aenderungen in dem Verhältnisse der Bestellung. Der Gerstenbau hat um etwa 1350, der Haferbau um 200, der Bau der Hülsenfrüchte um 2350, der Flachsbau um etwa 1000 Acker abgenommen; von diesen 13,900 Acker, welche sich durch Verminderung der Brache

des Reinertrags, außer Acht gelassen, weil derselbe zur Düngung verwandt wird und in seiner Masse keinen Handelsartikel bildet. Ebenso ist bei Berechnung der Nutzung des Viehes der Dünger außer Berechnung geblieben.

*) Diese lautete folgendermaßen:

Fruchtgattung.	Bestellte Ackerzahl.	Ertrag Himten	Gewicht des Himten	Werth des Himten. Thlr.	Sg	Hlr
Roggen	24600	13[illegible]	50	—	22	6
Waizen	2186	10[illegible]	52	1	—	—
Gerste	8744	14[illegible]	40	—	20	—
Hafer	13116	19[illegible]	30	—	12	6
Hülsenfrüchte	9837	10[illegible]	51	—	25	—
Kartoffeln	5465	137[illegible]	60	—	6	8
Rübsamen	2296	8[illegible]	40	1	15	—
Flachs	2624	—	—	—	—	—
Klee	2733	—	—	—	—	—
Brache	4372	—	—	—	—	—
Land, dessen Ertrag (in das Ausland) von Forensen gezogen wird	1003	—	—	—	—	—
	77066					

sogar auf 14,400 Acker erhöhen, sind aber nur etwa 1700 Acker zum Roggenbau, 700 Acker zum Kartoffelbau, 250 Acker zum Anbau von Kraut und dergleichen verwandt, und nur etwa 1400 Acker zum Mehrbau von Rübsamen benutzt worden, die Hauptsumme jenes Landes kommt mit etwa 3400 Acker auf den Bau der Futterkräuter und mit mehr als 7000 Acker auf den Waizenbau.

Der Anbau des Roggens mußte sich nothwendig vermehren, weil einestheils die Kartoffeln, trotz des ausgedehnteren Anbaues derselben, seit dem Auftreten der Kartoffelkrankheit immer einen bedeutenden Ausfall an der Ernte erlitten haben und, obgleich ihr Bau um 700 Acker zugenommen hat, doch um 200,000 Himten weniger als sonst liefern, und weil auch anderntheils der Gebrauch, Hülsenfrüchte zu Brod zu verbacken, mehr und mehr abgenommen und dadurch auch der Bau dieser Fruchtart sich bedeutend vermindert hat.

Ebenso darf es uns nicht wundern, daß der Bau der Futterkräuter, obgleich der Viehstand, wie wir unten sehen werden, sich nicht unbeträchtlich verringert hat, doch um mehr als das Doppelte gestiegen ist. Es ist dies eine Folge davon, daß der Ausfall an Heu, welcher durch das Umlegen vieler Wiesen und Kämpe, sowie der Ausfall an Weidenahrung, welcher durch das Umroden der Haiden veranlaßt worden ist, gedeckt werden mußte und daß die mehr zunehmende Einführung der Stallfütterung die Ausdehnung des Futterbaues bedingte.

Der außerordentliche Mehrbau des Waizens und des Rübsamens fällt aber sehr auf und liefert einen erfreulichen Beweis, wie trefflich es die Landwirthe verstanden, diejenigen Ackerflächen zu benutzen, welche bestimmt waren, Exporterträgnisse zu produciren. Der Waizen liefert nämlich einen nur wenig geringeren Körnerertrag als der Roggen, sein Ertrag ist aber per Acker einige Thaler mehr werth, als der Ertrag des Roggens, und auch der Rübsamen bildet einen guten Handelsartikel. Die Durchschnittsernte beider Fruchtarten scheint ihnen zwar vor dem Roggen keinen erheblichen Vorzug zu begründen, es ist dies aber nur scheinbar und rührt daher, daß Waizen sowohl wie Rübsamen zum großen Theil noch auf ungünstigem Boden und in unrechter Fruchtfolge gezogen werden und der dann erzielte Ertrag den Durchschnitt bedeutend herabdrückt. Diejenigen Landwirthe, welche diese Fruchtarten zum Verkaufe bauen und bei deren Bau rationell zu Werke gehen, erzielen oft sehr bedeutende Ernten und es ist auffällig, in welchem Umfange der Waizenbau gerade auf den großen Gütern zugenommen hat.

Eine weitere Betrachtung ist aber die, daß der Preis der einzelnen Fruchtgattungen fast um das doppelte gestiegen ist und ergibt sich hieraus, in welchem außerordentlichen Umfange die Bodenrente gestiegen sein muß, da trotz der Steigerung der Löhne sich die Productionskosten, welche im Jahre 1838 noch 50 % betrugen, jetzt nur noch auf 40 % berechnen. Die Pacht- und Kaufpreise sind denn auch um 80 ÷ 100 % in jenen 22 Jahren gestiegen und steigen immer noch, obgleich die Fruchtpreise neuerdings durchschnittlich gefallen sind.

Einen Durchschnittskauf- oder Pachtpreis zu ermitteln, habe ich vergebens erstrebt; da nämlich die bei weitem größere Masse des Landes zu geschlossenen, oder doch zu zusammengehaltenen Gütern gehört, solche aber zu einem weit niedrigeren Preise verkauft und verpachtet werden als einzelne Aecker, so differirt der Preis desselben Grundstücks, je nachdem es zu freiem oder zu geschlossenem Besitze gehört, oft um 50 und mehr %.

Außer den oben angeführten Gewächsen werden nur wenige andere, als Buchwaizen, Mais rc. gezogen. Der Bau des Tabacks ist zwar versucht worden, aber der Boden ist dazu nicht geeignet. Ebenso werden Hopfen, Hanf und Färbekräuter gar nicht gebaut, obgleich es nicht unmöglich ist, daß ersterer und auch einige der letzteren, z. B. der Wau, (reseda luteola), mit Vortheil angebaut werden könnten.

Kleesamen muß hin und wieder angekauft werden sowie auch bei der beträchtlichen Leinenfabrikation der ohnehin abnehmende Flachsbau bei weitem nicht zureicht, das Bedürfniß zu decken.

Die Erträgnisse der einzelnen Fruchtgattungen haben sich in den verflossenen 22 Jahren nicht wesentlich geändert; der Mindergiebigkeit der Kartoffel ist oben schon Erwähnung geschehen.

b. Wiesenbau.

Was den Wiesenbau anlangt, so liegt dieser meist noch sehr im Argen; es wird weder für eine gehörige Entwässerung der sumpfigen Wiesen gesorgt, noch auch für eine Bewässerung der höher gelegenen, und hat das Gesetz vom 28. Oktober 1834, die Verbesserung der Wiesen betreffend, noch nicht recht ins Leben treten wollen. Die große Mehrzahl der Wiesenflächen, auf denen folgende Gräser als die vorherrschenden auftreten: alopecurus pratensis, avena elatior, poa pratensis, festuca elatior und verschiedene Carexarten, sind entweder zu Hutekämpen abgetheilt, oder werden von den Heerden als Hute benutzt und verschlechtern sich da, wo sie den Ueberschwemmungen der Flüsse ausgesetzt sind, durch den aufgeschwemmten feinen Sand dergestalt, daß es hohe Zeit ist, gründliche Verbesserungen vorzunehmen, wie man denn auch hier und da jetzt anfängt, solche Wiesen abzutragen und den Untergrund wieder zu benutzen.

Auch von denjenigen Wiesen, die man zur Heu- und Grummeternte liegen läßt, ist noch ein großer Theil einschürig und wird bis in den April und nach der Heuernte zur Weide benutzt. Die zweischürigen werden ebenfalls vom Herbste an bis zum Frühjahre den ganzen Winter hindurch so lange es die Witterung nur einigermaßen zuläßt, behütet.

Trotzdem stehen sie, obgleich der Acker im Durchschnitte kaum 10 Ctnr. Heu und 6 Ctnr. *) Grummet abwirft, bei ihrer verhältnißmäßig geringen Zahl in so hohem Werth, daß der Heu- und Grummetertrag kaum noch eine fünfprocentige Rente abwirft. Man bezahlt den Acker mittelmäßiger Wiesen mit 200—250 Thlr. und erntet darauf, da der Centner Heu und Grummet durchschnittlich nicht höher als zu 20 Sgr. angeschlagen werden kann, kaum für 11—12 Thlr. Werth. Verpachtungen von Wiesen kommen selten vor.

Von dieser Darstellung sind natürlich die Fettweiden ausgeschlossen, welche von ihren Besitzern in wesentlich besserem Stande gehalten werden; doch ist ihre Zahl nur gering. Die erwähnenswerthesten sind die 367 Acker, welche zum Kloster Möllenbeck gehören und von dessen Pachter in der Art benutzt werden, daß er einzelne Stücke Vieh von Privaten gegen eine bestimmte Vergütung — 15 Thlr. per Stück — aufnimmt.

c. Garten- und Obstbau.

Da, mit Ausnahme der Städter, jeder Einwohner seinen eignen Garten besitzt, und da der Handel mit Gartenerzeugnissen, dem auch die Umgegend kein Feld bietet, nicht von Belang ist, so beschränkt sich die Gärtnerei fast nur auf den Bau von Gemüsen zum eignen Bedarfe. Nur in den Städten zieht man Gemüse zum Verkaufe, aber auch da feinere Sorten nur selten.

Die Blumenzucht beschränkt sich ebenfalls nur auf die überall vorfindlichen Gewächse. In der Kurfürstlichen Gärtnerei zu Nenndorf und der von Meyenschen Orangerie

*) In der Statistik von Avenarius wird für das Jahr 1838 der Durchschnittsertrag auf 20 Ctnr. angegeben, jetzt kann er aber nicht höher als 16 Ctnr. angenommen werden, und es ist ein Beweis dafür, wie sehr sich die Wiesen verschlechtert haben.

zu Exten allein befinden sich seltenere Blumen-, Strauch- und Staudengewächse, welche in letzterer auch verkäuflich sind.

Der Obstbau, der früher gänzlich vernachlässigt wurde und dem die Gegend allerdings meist nicht günstig ist, indem sie größtentheils den heftigen Ost- und Nordwinden offenliegt, und starke Nachtfröste bis in den Juni hinein nicht zu den Seltenheiten gehören, wird jetzt mehr als sonst versucht, namentlich sind es Zwetschen und Aepfel, auch einzelne Sorten Birnen, welche vorzugsweise gebaut werden. Die Kirsche wird allein in der Gemeinde Todemann häufig gebaut, geräth dort ziemlich gut und liefert in guten Jahren einen Ertrag von über 500 Thlr.

Im Jahre 1836 betrug die Zahl aller vorhandenen Obstbäume gegen 125,000. Da seither aber die meisten Wege bepflanzt und seit der Anlegung zahlreicher, wenn auch überall noch im Entstehen begriffener, Baumschulen überhaupt mehr Bäume angepflanzt worden sind, so wird man deren Zahl nicht überschätzen, wenn man sie zu 250—300,000 annimmt. Von einer Zählung hat man Abstand genommen, weil sie doch nicht sorgfältig genug vorgenommen zu werden pflegt.

d. Viehzucht.

Auch die Viehzucht, wie sie bei den Landwirthen der Grafschaft Schaumburg üblich ist, läßt noch manches zu wünschen übrig.

Die Pferde gehören, wenige Luxuspferde abgerechnet, fast sämmtlich dem s. g. schweren Wagenschlage und dem Mittelschlage an, ersterem 46,1 % und letzterem 52,1 %. Ein eigentlicher leichter Reitschlag ist gar nicht vorhanden; die leichten Pferde, welche man findet, bilden die allerschlechteste Classe und werden nur von geringen Bauern in den Berggegenden gehalten. Seit neuerer Zeit haben die schweren dänischen Pferde hier viel Eingang gefunden.

Die Zahl der Pferde, welche im Jahre 1834 4631 betrug, beträgt jetzt nur 3517, unter denen 689 Fohlen, und hat daher um 24 % abgenommen. Es zeugt dies aber nicht von einer Abnahme des Wohlstandes, sondern ist lediglich eine Folge der inmittelst bewirkten bedeutenden Verbesserung der Wege, welche jetzt nur 2 Zugthiere erfordern, wo sonst 3—4 nöthig waren, und der mehr und mehr zunehmenden Einsicht der Landwirthe, daß der seither getriebene Luxus mit Pferden ein sehr kostspieliges Vergnügen ist. Noch immer kommen auf 2 Pferde, da ein großer Theil des Landes mit Kühen und Ochsen bestellt wird, noch keine volle 40 Acker stellbares Land und es ist daher zu erwarten, daß die Zahl der Pferde mit dem zunehmenden Aufschwunge der Landwirthschaft sich noch bedeutend verringern wird *).

Seit der Verordnung vom 14. November 1827 werden jährlich mehrere Hengste aus dem Landgestüte zur Bedeckung der Stuten anher gesandt und früher an 2, jetzt aber, wo 3 Privatbeschäler zugelassen sind, nur an einem Orte aufgestellt. Die Landleute klagen aber darüber, daß die Gestüthengste für den hiesigen Pferdeschlag nicht passen und die weiten Wege, welche die Stuten zurücklegen müssen, der Conception nachtheilig seien, weshalb gegen 60 % der Zuchtstuten den Privathengsten vorgeführt werden.

Thatsache ist es, daß von 150 Stuten, welche durchschnittlich zur Bedeckung gelangen, nur $33 \frac{1}{3}$ % trächtig werden, während dies bei 50 % der den Privathengsten vorgeführten Stuten der Fall ist.

---

*) Die Zählung von 1839 ergab einen Bestand von 3958 Pferden, während die von 1834 einen solchen von 4631 ergab; und Herr Avenarius nahm in seiner Statistik daher an, daß in 1834 ein Irrthum vorgekommen sei. Die Differenz ist aber um so erklärlicher, als jene 5 Jahre, in denen die meisten Frohnden verschwanden, eine große Zahl Zugvieh entbehrlich machten.

Nachtheilig für die Pferdezucht wirkt einestheils die vielfache Benutzung der Waldhute für dieselben, wo die Pferde oft, wenn sie nicht gebraucht werden, Tag und Nacht im Walde zubringen und nebenbei gar keine oder nur wenige andere Nahrung erhalten *), und anderntheils der Umstand, daß die Pferde oft viel zu früh zum Anspanne benutzt werden.

Dennoch kann man die Pferdezucht im Allgemeinen eine recht gute nennen und es möchten wenige Gegenden Kurhessens den Vergleich mit der hiesigen bestehen.

Was den Rindviehbestand anbelangt, so ist zunächst zu bemerken, daß der Gebrauch der Ochsen, außer auf den großen Gütern, überall noch keinen Eingang finden will. Es sind deren einschließlich der Zuchtstiere im Ganzen nur 161 vorhanden, ein Umstand, welcher einen doppelten Nachtheil mit sich führt. Es wird nämlich in Folge dessen nicht nur weniger Dünger gewonnen, sondern die Pferde stellen auch ein viel größeres, weniger einbringendes und mehr sich abnutzendes Capital dar. Dann hat es aber auch noch den weiteren Nachtheil im Gefolge, daß die Fleischconsumenten fast überall mit Kuhfleisch sich begnügen müssen, indem Ochsenfleisch hier buchstäblich zu den Seltenheiten gehört.

Kühe dagegen, welche zum großen Theile auch mit zum Anspanne benutzt werden, gibt es außerordentlich viele. Die Zählung von 1859 ergab deren nicht weniger als 9539, worunter 2480 Rinder, und es berechnet sich sonach auf jede Familie mehr als eine Kuh. Die Zucht dieser Viehgattung wird jedoch sehr vernachlässigt, indem man einestheils auf Veredlung der Raçen zu wenig bedacht ist, und anderntheils eine viel zu geringe Zahl Zuchtstiere gehalten wird. Erst in neuerer Zeit ist es den Bemühungen des

---

*) Im Forstrevier Haste ist ein etwa 6000 Acker großes Waldrevier, der s. g. Reddiger Bruch, in welchem die Pferde aus zahlreichen Ortschaften Tag und Nacht auf der Weide sich befinden.

Landwirthschaftsvereines gelungen, einer besseren Race Eingang zu verschaffen, doch bietet sich hier der Vervollkommnung noch ein weites Feld.

An Schafen waren nach der letzten Zählung 17,858 Stück Altvieh vorhanden, wozu ungefähr noch 6000 Stück Jungvieh gerechnet werden müssen *). Im Ganzen genommen wird sich die Schäferei aber mit der Zeit vermindern, da, wie überall, so auch hier der rationelle Betrieb der Landwirthschaft dem Halten zahlreicher Schafheerden entgegensteht.

Die hiesigen Schafe sind größtentheils unveredelt, nur auf den Gütern sind sie theilweise ganz, theilweise halb veredelt. Sie liefern jährlich im Ganzen 5—600 Centner Wolle, welche zu 27—30,000 Thlr. verkauft wird und da sich in der Grafschaft keine Wollspinnereien befinden, soweit sie nicht von den Schafhaltern selbst verbraucht wird, ins Ausland, meist nach Hannover und Braunschweig ihren Absatz findet.

Schweine gab es nach der letzten Zählung 8147 Stück, doch wechselt der Bestand dieser Viehgattung nach der Jahreszeit außerordentlich. Der Verkauf von Schinken und Würsten ist eine nicht unbeträchtliche Einnahmequelle der hiesigen Landleute; es gibt eigene Händler, welche jene aufkaufen und nach Hannover und weiter transportiren.

Die Zahl der Ziegen beträgt 3823, die der Esel 9, die der Hunde 1364.

An Federvieh werden vorzugsweise Gänse und Hühner gehalten und erstere gemästet verkauft, von letztern aber die Eier und die Jungen abgesetzt, welche neben der vor-

*) Für die Richtigkeit dieser Zahl läßt sich nicht einstehen, sie erscheint etwas zu gering. Die concessionirten Schäfer in den Dörfern pflegen nämlich stets mehr Schafe zu halten, als ihnen erlaubt ist, geben aber bei Zählungen aus Furcht vor Strafe stets die ihnen gestattete Zahl an.

den zahlreichen Kühen gewonnenen Butter ebenfalls einen bedeutenden Erwerbszweig der Landbevölkerung bilden.

Die Bienenzucht ist nicht sehr von Belang, nur in dem von haidereichen Districten mehr oder weniger umgebenen Amte Rodenberg ist sie der Erwähnung werth. Man hält zur Zeit 1248 Stöcke.

2) Forstwirthschaft.

Der Waldboden nimmt etwa ein Drittel des gesammten Areals ein, nämlich 66,050,2 Acker.

Hiervon gehören:

a. dem Staate:		
α. an reinen Staatsforsten, auf welchen keine Beholzigungsgerechtsamen lasten	33,675,1	Ack.
β. an s. g. Interessentenwaldungen, in welchen bestimmte Gemeinden oder Privaten servitutberechtigt sind . .	19,878,1	„
	53,553,2	„
b. einzelnen Gemeinden	222	„
c. der in dem Amte Oldendorf bestehenden Markgenossenschaft	5,822	„
d. Privaten	6,453	„

Die Staats- und Interessentenwaldungen sind in 8 Forstreviere eingetheilt, von denen umfassen:

1) das Forstrevier		Bernsen	5590	Acker.
2) „	„	Obernkirchen	9096	„
3) „	„	Ottensen	4380	„
4) „	„	Haste	9331	„
5) „	„	Reinsen	4985	„
6) „	„	Möllenbeck	4831	„
7) „	„	Bersen	6465,2	„
8) „	„	Rumbeck	8875	„
		Summa . .	53,553,2	„

In dem Haster und Ottenser Forste ist die Eiche, in den übrigen Forstrevieren die Buche vorherrschend, auch sind in neuerer Zeit viele Nadelholzpflanzungen vorgenommen, welche jetzt ein Areal von 6300 Ackern einnehmen. Mittel- und Niederwald kommt gegen den Hochwaldbetrieb wenig vor (Mittel- 6800, Niederwald 1300 Acker).

Der Ertrag der Staatswaldungen wird zwar nach dem Gesetze vom 3. März 1853 der Regel nach gegen eine bestimmte Taxe verabfolgt und nur ausnahmsweise im Wege der Versteigerung verwerthet, da jene Taxe aber nach dem jedesmaligen Durchschnitte der in den Versteigerungsterminen erzielten Preise festgesetzt wird, so halten sich die Taxen mit diesen Preisen doch ziemlich in gleicher Höhe.

Die Interessentenwaldungen, in den Forstrevieren Bernsen, Möllenbeck, Zersen und Rumbeck belegen, haben die Bestimmung, einer Reihe von Gemeinden, zum Theil auch ausländischen, oft sehr beträchtliche Abgaben an Nutz-Geschirr-, Stangen- und Brennholz, manchmal bis zu 6 Klaftern für den einzelnen Hof, gegen eine dem Hauerlohn entsprechende Vergütung unter dem Namen Stammgeld und Pflanz-Aufsatz zu liefern, Berechtigungen, welche zum Theil erst in langjährigen Prozessen haben erstritten werden müssen. Der Ueberschuß wird, wie der Ertrag aus den übrigen Staatsforsten, verwerthet.

Im Forstjahre $18^{58}/_{59}$ wurden zum Verkaufe gebracht:

I. Bauholz,

1) 28,279 Cub. Fuß Eichenpostenholz,

2) 16,205 „ Eichenwerkholz,

3) 3,765 „ langes Eichenwerkholz,

4) $1^{1}/_{8}$ Klafter Schock- und Grubenholz,

5) 3,155 Cub. Fuß Abschnitte,

6) 25 Schock tannene Dachlatten,

7) 20,218 Cub. Fuß Tannenabschnitte;

II. Werkholz

1) 4,000 Cub. Fuß Eichenwerkholz,

2) 12,492 Cub. Fuß Buchenwerkholz,
3) 7 Klaftern zu Felgen,
4) 3,294 Cub. Fuß anderes Laubwerkholz,
5) 29 „ Nadelwerkholz.

III. Geschirr- und Stangenholz

269 Deichseln,
405 Wagenleiterbäume,
100 Wagenlinsen,
38 Schock Hopfenstangen,
243 „ Baumpfähle,
1 „ Pferdepfähle,
260 „ Bohnenstangen,
16 „ Bindeweiden,
139 „ geringe Büsche.

IV. Brennhrlz

$638\frac{1}{4}$ Klafter Buchenscheitholz,
$148\frac{8}{4}$ „ „ stammprügelholz,
$32\frac{11}{16}$ „ „ astprügelholz,
$97\frac{1}{16}$ „ Scheitholz von anderen Holzarten,
58 „ Stammprügelholz „ „
$94\frac{12}{16}$ „ Astprügelholz „ „
$158\frac{9}{16}$ Schock Buchenreiserholz,
$205\frac{11}{16}$ „ sonstiges Laubreiserholz,
$128\frac{5}{8}$ „ geringeres Reisig,
$87\frac{3}{4}$ „ Tannenreiserholz,
$262\frac{5}{8}$ Klafter Laub-Erdstockholz,
$56\frac{1}{8}$ „ Tannen-Erdstockholz,
$183\frac{3}{16}$ „ Anbrnchholz.

welche bei folgenden Durchschnittspreisen:

I. Bauholz:

Eichenpostenholz, der Cub. Fuß	—	Thlr.	3	Sgr.	6	Hlr.
Eichenlangstreckholz, „	—	„	5	„	4	„
Eichenkurzstreckholz „	—	„	4	„	3	„
Anderes Laubbauholz „	—	„	2	„	5	„

Doppelte Tannendachlatten, das Schock	6	Thlr.	7	Sgr.	6	Hlr.
Einfache desgl., das Schock . .	3	„	5	„	—	„
Tannenstämme unter 10 C. F. .	—	„	4	„	4	„
„ über 10 „	—	„	4	„	10	„
II. Werkholz:						
Eichenbohlenholz, der Cub. Fuß	—	Thlr.	5	Sgr.	4	Hlr.
Anderes Eichenwerkholz „	—	„	4	„	1	„
Buchenwerkholz i. Stämmen „	—	„	2	„	9	„
Spalten zu Felgen, das Schock	7	„	14	„	—	„
And. Holz in Stämmen, d. CF	—	„	2	„	6	„
Erlenholz zu Röhren „	—	„	3	„	9	„
Nadelholz zu Dielen 2c. „	—	„	6	„	11	„
III. Geschirr= und Stangenholz:						
Wagendeichseln, das Stück . .	—	Thlr.	14	Sgr.	—	Hlr.
Wagenleitern „	—	„	9	„	5	„
Wagenlinsen „	—	„	4	„	6	„
Hopfenstangen, das Schock . .	2	„	11	„	3	„
Baumpfähle „	1	„	4	„	—	„
Bohnenstangen „	—	„	24	„	1	„
„ geringe „	—	„	16	„	9	„
Bindeweiden „	—	„	11	„	8	„
Geringe Büsche „	—	„	19	„	5	„
IV Brennholz:						
Buchen=, Hainbuchen=, Eschen=Scheitholz, die Klafter . .	4	„	—	„	—	„
Dgl. Stammprügelholz „	3	„	—	„	—	„
Dgl. Astprügelholz „	2	„	12	„	5	„
Eichen=, Aspen=, Erlen=Scheitholz, die Klafter	2	„	27	„	4	„
Dgl. Stammprügelholz, d. Klaft.	2	„	20	„	7	„
Dgl. Astprügelholz, „	2	„	19	„	5	„
Buchenstammreis, das Schock .	2	„	20	„	9	„
Sonstiges Stamm und Buchenzopfreis, das Schock . . .	2	„	3	„	4	„

Sonst. Laubholzzopfreis, d. Schock	1	Thlr.	19	Sgr	3	Hlr.
Nadelreisig	"	1	"	16	"	4	"
Desgl. geringeres	"	1	"	2	"	4	"
Laubanbruchholz	"	2	"	5	"	5	"
Nadelanbruchholz	"	1	"	12	"	1	"
Stockiges Holz	"	2	"	1	"	9	"
einen Gesammtwerth von		33,826	"	15	"	11	"

repräsentiren (einschl. Lohn).

Dazu kommen nun noch

für Forstnebennutzungen .	1765	"	8	"	3	"
an Forststrafgelder . . .	1093	"	15	"	2	"
" Werth- u. Schadenersatz	297	"	15	"	11	"
" Pfändegebühren . . .	248	"	4	"	11	"
so daß die Forsten in Summa	37,231	"	19	"	2	"

aufgebracht haben.

Setzt man an diesem Betrage die Cultur-, Hauungs- rc. Kosten ab mit .	6364	"	13	"	8	"
so verbleibt ein Gewinn von	30,866	"	16	"	6	"

was bei den bedeutenden Servituten, welche auf den Forsten lasten, ein sehr bedeutender Ertrag genannt werden kann*).

Unter den eigentlichen Gemeindewaldungen, bei denen übrigens eine der Stadt Rinteln gehörige Waldung im Fürstenthum Lippe von fast 2000 Acker Größe nicht in Betracht kommt, sind nur folgende erwähnenswerth:

1) der Oldendorfer Stadtwald = 80 Acker,
2) der Antendorfer Gemeindewald = 116 Acker.

Diese Waldungen stehen unter der Administration der Forstbehörden.

Der Stiftsfischbecker Gemeindewald, eine am Süntel sich ausdehnende Waldung von 5822 Acker

*) Im Jahre 1838 betrug der Bruttoerlös nur 18,514 Thlr. 7 Sgr. 10 Hlr.

Größe ist noch ein ächter Markgenossenschaftswald, der, den einzelnen Berechtigten — einer Reihe von Dörfern im Amte Oldendorf und dem Stifte Fischbeck — als Gesammteigenthum, welches am Hofe klebt, gehörig, unter Oberleitung des Staates von einem Seitens des Stiftes und der Ortsvorstände jener Gemeinden gewählten Förster *) unter dem Beirathe von dessen Wählern verwaltet wird.

Derselbe ist zu 80,02 % mit Buchen- und Eichenholzwald bestandet, zu 2,44 % mit Niederwald, zu 0,73 % mit Nadelholz und enthält 16,79 % Blößen. Sein Ertrag wird in Natur abgegeben oder verkauft, und kommt der Erlös nach Abzug aller Kosten zur Vertheilnng unter die Berechtigten.

Unter den Privatwaldungen, welche nur insoweit der Oberaufsicht des Staates unterstehen, als sie ohne dessen Genehmigung nicht ausgerodet werden dürfen, und welche meist mit Buchen- und Eichenhoch- und Niederwald bestanden sind, verdienen nur folgende namentlich hervorgehoben zu werden:

1)	Der Wald des von Cornbergischen Gutes Bodenenger	= 200	Acker.
2)	der Wald der Bewohner von Welsede	= 180	„
3)	„ „ der Pfarrei Cathrinhagen .	= 99	„
4)	„ „ des Stiftes Obernkirchen .	= 132	„
5)	„ „ des Gutes Wormsthal . .	= 520	„
6)	„ „ der Bewohner v. Cathrinhagen	= 488	„
7)	„ „ „ „ Westerwald .	= 444	„
8)	„ „ „ „ Rolfshagen .	= 197	„
9)	„ „ „ „ Rodenberg .	= 794	„
10)	„ „ derer von Hammerstein . .	= 400	„
11)	„ „ der Bewohner v. Altenhagen	= 200	„
12)	„ „ „ „ Apelern .	= 285	„
13)	„ „ „ „ Rohden .	= 237	„

*) Dieser ist mit dem Holzgrafen der alten Markgenossenschaften zu vergleichen.

14) der Wald des Stiftes Fischbeck . . . . = 625 Acker
15) „ „ des Gutes Südhagen . . . = 200 „
16) „ „ „ „ Nienfeld . . . . = 330 „

Wie hoch sich der Ertrag dieser theilweise noch nicht gehauenen Waldungen beläuft, ließ sich nicht ermitteln; Die zu 2, 6, 7, 8, 9, 11, 12 und 13 liefern kaum den Bedarf ihrer Eigenthümer und werfen hier und da ein Erträgniß an Lohn ab.

3) Die Jagd.

Der Wildstand, welcher in früheren Zeiten ein äußerst beträchtlicher war und den Feldern oft sehr nachtheilig wurde hat, wenn er auch zum Theile noch immer die Jagdeigenthümer zu häufigem Wildschadenersatze verpflichtet, sehr abgenommen.

Hirsche und wilde Schweine kommen als Standwild nur im Bückeberge, als Wechselwild dagegen auch im Süntel und Deister vor. Rehe gibt es noch in allen Waldungen. Außerdem hat man an jagdbarem Wilde: Hasen, Hühner, Füchse, Dächse, Fischottern, Enten, Schnepfen und Raubvögel. Als eine besondere Merkwürdigkeit verdienen die glänzend schwarzen Rehe hervorgehoben zu werden, welche im Forstreviere Haste in der Kurfürstlichen Jagd vorkommen und gehegt werden.

Das geschossene Wildpret geht, soweit es nicht im Inlande verzehrt wird, in die nahen Städte und Badeorte; die Häute und Pelze werden fast sämmtlich ausgeführt.

4) Die Fischerei.

Die Fischerei in der Weser ist nicht sehr einträglich; man fängt Hechte, Karpfen, Barben, Aale, Karauschen Schleien, Zungen und auch wohl Lachse, in den Bächen Forellen. Die zahme Fischerei beschränkt sich auf einzelne Privatteiche.

5) Produkte des Mineralreichs.

Zu den wichtigsten Schätzen der Grafschaft gehören die mineralischen. Der Bergbau findet in den Steinkohlen einen Gegenstand von höchster Bedeutung. Wo der Sandstein und der Schieferthon der jüngsten Oolithbildung (Wealdclay) auftreten, verbirgt die Erde ein Kohlenflötz, das sich vom Deister und Süntel bis in die Gegend von Osnabrück erstreckt. Auf der Nordseite des Bückeberges wird dieses gemeinschaftlich von Kurhessen und Bückeburg gebaut, und steht der Bau unter der speziellen Leitung des Gesammtbergamtes zu Obernkirchen.

Gegenwärtig werden 55 Schachte zur Gewinnung der Kohlen benutzt, welche sich auf beiden Territorien zwischen Obernkirchen und Stadthagen befinden. Zur Bewältigung der Grubenwasser dient eine Wassersäulenmaschine, welche die Grundwasser gegen 110′ hoch bis zum Niveau der Sachsenhager Aue emporhebt.

Im Jahre 1859 beschäftigten die dortigen Werke, außer dem Angestelltenpersonale, an ständigen Arbeitern 982 Mann (deren Familien ungefähr 3000 Seelen zählen) und zwar: 15 Bergschmiede, 20 Bergzimmerleute, 330 Kohlenhauer, 45 Einfüller, 355 Laufer, 135 Haspelzieher, 60 Coaksarbeiter, 8 Arbeiter in Steinbrüchen und 4 ständige Revierfuhrleute, von welchen 340 Arbeiter in der Grafschaft wohnen, und zwar in der Stadt Obernkirchen und den Dörfern Lickwegen, Kraienhagen, Röhrkasten und Beeke.

Der Normallohn beträgt

für die Bergzimmerleute 12—18 Sgr. den Tag,
„ „ Bergschmiede 900—1000 Thlr. das Jahr (einschl. des Materials und der Unterhaltung der Gesellen),

für die Kohlenhauer . . .	15	Sgr.	die	Schicht,
„ „ Laufer	8¾—12	„	„	„
„ „ Haspelzieher . . .	10—12	„	„	„
„ „ Coaksarbeiter . . .	10—12½	„	„	„

für die Arbeiter i. d. Steinbrüchen 10—12 Sgr. die Schicht,
„ „ Revierfuhrleute für 2 Pferde den Tag durchschnittlich 3 Thlr.

Gewonnen wurden:

112,500 Bergfuder Kohlen zu 26 Balgen zu 2 Schaumburger Cubikfuß,
282,316 Centner Coaks.

Die Kohlen sind Glanzkohlen und gehören zu den vorzüglicheren dieser Gattung, kommen aber von verschiedener Güte vor und werden daher zu verschiedenen Preisen (Sorte I. — 6¼ Sgr., Sorte II. — 5½ Sgr., Sorte III. — 5 Sgr., Sorte IVa. — 4 Sgr, Sorte IVb. — 3½ Sgr., Sorte Va. — 3 Sgr., Sorte Vb. — 2½ Sgr.) die Balge verkauft.

Der Gesammterlös dieser Kohlen und Coaks betrug im Jahre 1859 564,605 Thlr. 24 Sgr. 7 Hlr. Außer dem inländischen Verbrauche wurden in das Ausland etwa 100,000 Bergfuder Kohlen und alle 282,316 Centner Coaks abgesetzt. Da nun die gesammten Administrationskosten nur 311,241 Thlr. 2 Hlr. betrugen, so ergab sich ein Ueberschuß von 253,364 Thlr. 24 Sgr. 5 Hlr., von welchen 124,000 Thlr. an die Fürstlich Schaumburg-Lippische und 124,000 Thlr. an die Kurhessische Staatskasse abgeliefert wurden. Von den Administrationskosten verbleibt aber wohl die Summe von 150,000 Thlr. der Circulation in der Grafschaft *).

Kleinere, oft zu Tage gehende, mit dem Hauptflötze aber nicht zusammenhängende und oft nicht bauwürdige

*) Im Jahre 1838 wurden nur 30 Schachte zur Kohlengewinnung benutzt, nur 546 Mann beschäftigt und trotz des geringeren Arbeitslohnes nur ein Ueberschuß von im Ganzen 86,000 Thlr. erzielt. Den höchsten Stand erreichte der Betrieb in 1856, wo er 1300 Arbeiter beschäftigte und einen Bruttoertrag von etwa 800,000 Thlr. erzielte. Von da an bewirkte aber die, inmittelst theilweise wieder aufgegebene, Erhöhung der Kohlenpreise eine beträchtliche Abnahme.

Kohlenflötze kommen außerdem noch häufig vor und dürfen, wenn sie nicht tiefer als einige Fuß unter die Oberfläche gehen, von den Grundeigenthümern benutzt werden.

Ein zweiter wichtiger Gegenstand ist die Gewinnung des Salzes auf der dem Staate gehörigen Saline Rodenberg. Die Soolquelle befindet sich in dem eine halbe Stunde davon entfernten Dorfe Sooldorf, wo sie aus 2 Bohrlöchern von mehr als 500′ Tiefe gefördert wird. Sie hat einen Gehalt von 20—22 % und wird bis zu 26—27° gradirt (Dorngradirung) und in 4 Pfannen, jede zu 720 Quadratfuß Fläche, gesotten. Die jährliche Production beträgt 4,209,425 Pfd., wovon an 2,702,000 Pfd. in der Grafschaft verbraucht und in den Kreis Hofgeismar verführt werden; die übrigen 1,507,425 Pfd. werden in das Ausland abgesetzt. Der Nettoertrag beträgt 44,465 Thlr und werden ständig 60 Arbeiter beschäftigt *).

Die Salzquelle wird auch zu einem Soolbade benutzt, welches dicht bei Rodenberg angelegt ist und zu den Brunnenanstalten von Nenndorf gehört.

Als äußerst werthvolle Fossilie kommt ferner der Sandstein in Betracht. Der Sandstein des Bückeberges gehört dem Wealdclay oder der jüngsten Gruppe der Oolithformation an und bildet ein Lager von 50′ Mächtigkeit, ist von fast weißer Farbe, sehr feinem Korn und großer Festigkeit, bricht in schönen Quadern und liefert daher ein vortreffliches Baumaterial.

Die Brüche gehören 13 Steinhauermeistern, bzhw. Meisterswitwen, und beschäftigen 300—350 Gesellen, Lehrlinge und Tagelöhner, so daß wohl 250 Familien im Ganzen

---

*) Dieses Werk hat sich in den letzten 25 Jahren ebenfalls bedeutend ausgedehnt, denn im Jahre 1835 wurden nur 17 Arbeiter ständig beschäftigt, bei weitem nicht 3,000,000 Pfd. Salz producirt und nur gegen 12,000 Thlr. Ueberschuß gewonnen.

durch sie einen dauernden und guten Erwerb finden *), indem ein Geselle z B. im Sommer täglich bis zu 20 Sgr. verdient.

Durchschnittlich werden jährlich 200,000 – 220,000 Cubikfuß Steine gefördert, welche meistens mit der Eisenbahn oder auf der Weser in die steinarmen Niederungen bis Holland und Dänemark verführt werden. Der Cubikfuß kostet im Bruche je nach der Güte des Steines und dem Grade seiner Bearbeitung bis zu 18 Sgr. und sein Transport bis zur Eisenbahn oder zur Weser 2 – 3 Sgr., so daß er bis zum Exporte 20 – 21 Sgr. zu stehen kommen kann. Vorzüglich eignet sich der Stein zur Anfertigung von Krippen, Trögen, Grabsteinen und dergl.

Nach mäßigem Anschlage kann man den Werth aller ausgeführten Steine auf 70,000—80,000 Thlr. brutto anschlagen, während die Gewinnungs- und Transportkosten 50,000 – 60,000 Thlr. betragen. Fast der ganze Bruttoertrag ist aber ein Capital, welches aus dem Auslande hereinströmt und der inneren Circulation verbleibt. Leider sind die Besitzer der Steinbrüche ihren Concurrenten gegenüber in einer übeln Lage. Wegen Mangels an Wohnungen in der Nähe der Brüche müssen die Arbeiter nämlich in den unterhalb des Bückeberges gelegenen Dörfern bis zu 2 Stunden Entfernung ein Unterkommen suchen und die Meister sind, wenn es ihnen überhaupt nicht ganz an Arbeitern fehlen soll, genöthigt, die Hin- und Rückwege mit als Arbeitszeit zu bezahlen.

Da dieser Uebelstand zugleich den weiteren Nachtheil mit sich führt, daß die Arbeiter, deren Beschäftigung ohnehin eine äußerst ungesunde ist, vor dem Eintritte in die zugigen Brüche auf der Höhe des Bückeberges sich erst durch das Ersteigen des steilen Berghanges erhitzt haben

*) Im Jahre 1836 fanden im Ganzen noch nicht 250 Köpfe in den Steinbrüchen Arbeit.

und zahlreiche Erkältungen zuziehen, auch der gänzliche Mangel an angemessener warmer Kost den Genuß des Branntweins in das ungeheuerliche steigert und die Erfahrung lehrt, daß in Folge des Zusammentreffens dieser Verhältnisse fast nie ein Steinhauer das vierzigste Lebensjahr erreicht *), da deshalb aber ihr Verdienst ein um so höherer sein muß, so haben sich die Steinhauermeister entschlossen, in der Nähe der Brüche selbst Arbeiterwohnungen zu errichten, wegen Mangels eines disponibelen Platzes ist aber zur Zeit aus dem Plane noch nichts geworden, obgleich die Regierungs-Commission alles aufgeboten hat, den Steinhauern zur Verwirklichung ihrer so nützlichen Idee zu verhelfen **).

Noch 13 andere Sandsteinbrüche befinden sich am Süntel, am Düdinghäuser Berge, am Bückeberge, im Reinser Forste und an dem linksseitigen Wesergebirge, die aber alle mit Ausnahme derer am Süntel, welche vortreffliche Schleifsteine liefern und dem Staate gehören, nur zur Gewinnung gewöhnlicher Bausteine benutzt werden.

Kalksteinbrüche finden sich in der Wesergebirgskette im Ueberflusse und liefern theils Material zum Straßenbau, theils Kalkmergel zum Brennen, was auf 3 Oefen geschieht.

Mergelgruben hat man fast überall, und es wird deren Ertrag in bedeutender Ausdehnung zum Düngen der

---

*) Wegen des erfahrungsmäßigen frühen Ablebens der Steinhauer und der Häufigkeit der Erkrankungen besteht unter allen Steinbruchsarbeitern eine Unterstützungskasse, die bedeutende Beträge aufweist. Die Zahl der unterstützungsbedürftigen Wittwen und Waisen ist aber auch außerordentlich groß.

**) Es liegt im Plane, diese Arbeiterwohnungen in der Art einzurichten, daß im unteren Geschosse mehrere Familien, wo möglich kinderlose, wohnen und bei diesen die in den oberen Geschossen wohnenden einzelnen Arbeiter in Kost geben sollten. Daß dies überaus zweckmäßig sein würde, ist ohne allen Zweifel.

Felder benutzt, welche wegen ihres überwiegenden Thon- und Lehmgehaltes diesen lockernden Zusatz von Kalk besonders bedürfen.

Der Kalkstein aus dem Oolithgebilde nimmt eine sehr schöne Politur an, wie Marmor, und ließe sich mit Vortheil zu allerhand werthvollen Gegenständen verarbeiten.

Der quarzreiche Keupersandstein auf dem linken Weserufer wird in Ermangelung von Basalt zum Straßenbau verwendet.

Lehm- und Thongruben zum Ziegel- und Backsteinbrennen gibt es fast aller Orten, von der Ausdehnung dieser Brennereien wird jedoch erst weiter unten die Rede sein.

Auf den in der Weserbergkette in großen Flötzen vorkommen 45 % haltenden Thoneisenstein könnte nach dem Urtheile Sachverständiger, namentlich in Anbetracht der Nähe vorzüglichen Brennmateriales, mit Vortheil ein Grubenbau vorgerichtet werden; die Versuche scheiterten aber an den mancherlei Schwierigkeiten, welche die zwischen Kurhessen und dem Fürstenthum Schaumburg-Lippe bezüglich des Bergregals bestehenden Verträge bereiten.

Der stark mit Eisenkies durchsetzte Liasmergel ließe sich vielleicht zur Alaungewinnung benutzen.

Torf wird nirgends gestochen, doch zeigt die aufgerissene Oberfläche der großen Haide im Reddiger Bruche eine kohlschwarze, von torfigen Substanzen durchsetzte Erde.

B. Die Arbeitserzeugnisse.

1) Handwerksbetrieb.

So bedeutend die Zahl der in der Grafschaft wohnenden Handwerker auch ist, so unbedeutend sind doch verhältnißmäßig die Produkte dieser Art der Arbeit, eine Erscheinung, welche man meist dem Fortbestehen des Zunftzwanges zuzuschreiben geneigt ist. Nur eine geringe Zahl der Gewerbe können nämlich vollkommen frei betrieben werden, die Mehrzahl ist auf die Städte beschränkt und kann nur in Folge einer besonderen Dispensation auf dem Lande — und selbst dann nur in sehr beschränkter Weise — betriebeu werden; die zünftigen Meister selbst aber sind durch die engen Schranken der Zunftordnung in ihrem Geschäftsbetriebe ebenfalls wesentlich benachtheiligt.

Es ist hier nicht der Ort, diese Verhältnisse in Näherem zu erörtern. In der folgenden Uebersicht soll sich darauf beschränkt werden, die Zahl derjenigen Familien, welche sich in den Städten und auf dem Lande mit den einzelnen Gewerben beschäftigen, aufzuführen. Doch will ich zum Verständnisse der Uebersicht sogleich hier anführen, daß auf der einen Seite noch viele Personen Gewerbe treiben, welche als unselbständige Glieder einer im Wesentlichen von einem andern Erwerbszweige lebenden Familie in den Bevölkerungslisten aufgeführt sind, und daß auf der anderen Seitr viele dieser Handwerkerfamilien mehr vom Ackerbau und dem Tagelohne als von dem erlernten Handwerke zu leben genöthigt sind.

Uebersicht über den Handwerksbetrieb.

Gewerbe.	Zünftige Handwerker						Unzünftige Handwerker	
	in den Städten			auf dem Lande			in den Städten	auf dem Lande.
	Meist	Gesell	Lehrl	Meist.	Gesell.	Lhrl		
Kaufleute*) .	55	15	33	4	–	4	15	5
Maurer und Steinhauer .	37	107	125	1	3	2	—	212
Schuhmacher	131	50	18	48	12	13	—	105
Schneider .	72	17	19	108	25	35	—	53
Metzger . .	54	12	8	11	5	4	—	12
Bäcker . .	42	6	8	—	—	—	—	9
Zimmerleute .	5	16	10	21	33	18	—	80

*) Diese werden, weil sie zünftig sind, hier mitaufgeführt.

Gewerbe.	Zünftige Handwerker						Unzünftige Handwerker	
	in den Städten			auf dem Lande			in den Städten	auf dem Lande.
	Meist.	Gesell.	Lehrl	Meist.	Gesell.	Lhrl		
Schreiner . .	45	14	18	64	40	32	—	54
Schmiede . .	19	9	7	37	19	12	—	26
Nagelschmiede	14	7	3	9	4	5	5	—
Klempner . .	5	1	1	—	—	—	7	—
Schlosser . .	25	12	13	1	—	1	—	—
Kupferschmiede	—	—	—	—	—	—	5	—
Böttcher . .	—	—	—	—	—	—	15	8
Wagner . .	—	—	—	—	—	—	10	72
Drechsler . .	—	—	—	—	—	—	13	15
Muldenhauer	—	—	—	—	—	—	—	1
Posamentiere	—	—	—	—	—	—	3	1
Glaser . . .	—	—	—	—	—	—	2	1
Sattler . .	26	2	—	—	—	—	—	7
Lohgerber .	13	5	—	—	—	—	—	3
Leimsieder .	—	—	—	—	—	—	1	—
Korbmacher .	—	—	—	—	—	—	15	53
Büchsenmacher	—	—	—	—	—	—	1	—
Goldarbeiter .	—	—	—	—	—	—	7	—
Zinngießer .	—	—	—	—	—	—	3	—
Uhrmacher .	—	—	—	—	—	—	4	1
Gelbgießer .	—	—	—	—	—	—	1	—
Orgelbauer .	—	—	—	—	—	—	1	—
Scheerenschleif	—	—	—	—	—	—	—	1
Weber . .	—	—	—	—	—	—	35	495
Färber . .	—	—	—	—	—	—	19	2
Kürschner .	—	—	—	—	—	—	7	—
Hutmacher .	—	—	—	—	—	—	3	—
Handschuhmach	—	—	—	—	—	—	1	—
Kappenmacher	—	—	—	—	—	—	1	—
Seiler . . .	—	—	—	—	—	—	3	—
Kammmacher	—	—	—	—	—	—	—	4

Außerdem finden sich noch: 1) in den Städten 5 Maler, 4 Schornsteinfeger, 1 Tapezierer, 7 Buchbinder, 8 Bader, 3 Seifensieder, 5 Brauer, 4 Müller; 2) auf dem Lande 1 Pflasterer und 80 Müller.

Es beschäftigen sich hiernach mit Handwerken nicht weniger als 2464 Familien, oder, da von 8093 Familien nur 7356 einen bestimmt zu bezeichnenden Erwerb haben, mehr als der dritte Theil der Bevölkerung*), und es wird daher die Wahrheit des Obengesagten, daß ein bedeutender, wenn nicht der größte Theil der Handwerker noch andern Nebenverdienst suchen muß und sucht, sich deutlich ergeben.

In der That sind denn auch von allen diesen Gewerben nur zwei, welche ihre Industrie auf das Ausland erstrecken, erwähnenswerth, nämlich das Steinhauer- und das Leinweberhandwerk. Von jenem ist oben die Rede gewesen, von diesem soll hier in Näherem die Rede sein.

Von den 530 Leinwebern betreibt zwar vielleicht nur die Hälfte das Geschäft als alleinigen Erwerbszweig, und die andere betrachtet es nur als Nebenerwerb, wenn die Landwirthschaft und der Tagelohn die nöthige Zeit dazu lassen. Da aber die Weiber ebensowohl weben als die Männer**), und auch noch von Manchem Weberei betrieben wird, welcher unter einem anderem Haupterwerbszweige aufgeführt ist, so ist die Leinenproduction in der Grafschaft doch eine recht bedeutende.

Das fabricirte Leinen zerfällt in 4 Classen:

a. das Leggeleinen, bereits im Garn gebleicht. Dieses wird in Stücken von etwa 112 Leggeellen oder 230 gewöhnlichen Ellen angefertigt und meist auf der Rinteler Legge zum Verkaufe gebracht, von wo es größtentheils an

---

*) Die Kaufleute sind hier außer Acht gelassen.

**) In den eigentlichen Leinweberfamilien weben die Männer fast gar nicht, sondern nur die Weiber und Mägde. Die Männer besorgen nur den Ein- und Verkauf und dergl.

den Rhein und in überseetische Länder verführt wird *). Auf der Leggeanstalt wird es geprüft und gestempelt und darf, ohne daß dieses geschehen, nicht in den Handel kommen. Im Jahre 1859 kamen zur Rinteler Legge 3042 Stück im Maaße von 273,780 Leggeellen, welche daselbst für 51,360 Thlr. verkauft wurden; es war dieses Jahr aber den Conjuncturen sehr ungünstig und man kann annehmen, daß im Durchschnitt gegen 80,000 Thlr. auf der Legge jährlich umgesetzt werden. Doch ist diese Summe bei weitem nicht Verdienst der Weber, da der größte Theil des zum Leinen verwandten Flachses oder Garnes aus dem Auslande eingeführt wird **).

b. Das s. g. Hausmacherleinen, welches grau verfertigt und erst als fertiges Leinen gebleicht wird, ist dem Leggezwange nicht unterworfen. Diese Weberei ist es, welche meist als Nebengeschäft betrieben wird, doch kann man den Erlös allein desjenigen Leinens, welches von den Verfertigern verkauft wird, auf 20—24,000 Thlr. jährlich anschlagen.

c. Noch wird eine dritte Leinengattung, blau und weiß gestreift oder gewürfelt, halb baumwollen, verfertigt, doch meist nur auf Bestellung und für Rechnung der Kaufleute, sodaß hier nur der Weberlohn verdient wird. Der Werth dieses Erwerbes ist je nach den Bestellungen sehr wechselnd und läßt sich mit einiger Genauigkeit nicht an=

*) Es wird zwar viel Leinen zur Leggeanstalt in Lemgo gebracht, aber es kommt auch eine gleiche Quantität lippisches Leinen zur Rinteler Legge.

**) Der Besuch der Rinteler Leggeanstalt hat seit 20 Jahren zwar sehr abgenommen, da 1838 im Ganzen 780,000 Leggeellen zum Verkaufe kamen, zwei Drittel davon gehörten aber lippischen Leinwebern, während das jetzt zur Rinteler Legge kommende Leinen ganz auf die Grafschaft gerechnet werden kann. Die Lipper besuchen jetzt meist die Legge zu Lemgo, was von den Verkaufsconjuncturen und anderen Verhältnissen abhängt.

geben. Zur Zeit sind 70 Stühle beschäftigt, welche für etwa 36,000 Thlr. Zeug produciren.

d. Drell- und Bildweberei werden nur vereinzelt und nicht für den auswärtigen Bedarf betrieben.

Die 55 Getraidemühlen, unter denen 46 Wasser- und 9 Windmühlen, arbeiten zusammen mit 129 Gängen, wovon 99 auf Roggen- und Waizenmehl und 30 auf Graupen und Grütze kommen. Bei gutem Wasserstande liefern sie jährlich etwa 400–450,000 Himten Mahlgut, von dem $^1/_{16}$ dem Müller als Molter verbleibt. Mit der Oelmüllerei beschäftigen sich nur 2 Mühlen besonders, viele Mühlen haben aber einen Oelschlaggang und eine Einrichtung zum Holzschneiden.

2) Fabrikbetrieb.

Der Fabrikbetrieb beschränkt sich auf folgende Artikel:

a. Die Eisenwaarenfabrikation.

Diese beschäftigt dermalen 4 Messerfabriken und 5 Hammerwerke, wo Blankschmiedwaaren verfertigt werden. Von den erstern ist jedoch eine, zu Krückeberg, und von den letztern sind 2, zu Rolfshagen und Bernsen, welche zusammen nur 11–12 Arbeiter beschäftigen und meist nur auf Bestellung arbeiten, keiner besonderen Erwähnung werth. Wichtig sind dagegen die 3 Messerfabriken und die 3 Eisenhämmer zu Exten, welche zusammen 120 Arbeiter beschäftigen und von denen Messer aller Art, Gabeln, Ackergeräthe und beliebige andere Artikel (letztere auf Bestellung), im Ganzen jährlich etwa 360,000 Stück im Werthe von 22–23,000 Thlr. angefertigt werden.

Diese Anstalten verbrauchen und zwar:

α. die Messerfabriken: 360 Centner Stahl, 240 Centner Eisen (aus Westphalen), 42,000 Stück Bockhörner (aus Norwegen), 9600 Stück Rindviehklauen, 600 Stück Rindviehknochen, 36 Centner Eisen- und Messingdraht (aus Westphalen), 3600 Balgen Steinkohlen, 360 Zollpfd. Schmiergel, 1200 Zollpfd. Rüböl, 1200 Zollpfd. Ebenholz, 36 Klaftern Holz, sowie in geringerer Quantität noch eine Menge anderer Stoffe, als Hirschhorn, Schachtelhalm, Leim, Menge, Glette, Kreide ꝛc. im Gesammtkostenbetrage von 8200 Thlr. Da nun die Arbeiter, welche alle auf Stück arbeiten, etwa 8400 Thlr. Arbeitslohn verdienen, so verbleibt eine Summe von ungefähr 6000 Thlr. für die Fabrikherrn, worin jedoch zugleich die Zinsen und der Abnutz des stehenden und laufenden Capitales stecken.

β. Auf den 3 Eisenhämmern wird an 6 Feuern gearbeitet und werden Ackergeräthschaften ꝛc., im Ganzen jährlich 2500 Stück, im Werthe von etwa 2500 Thlr. producirt. Verbraucht werden etwa für 500 Thlr. Stahl, für 470 Thlr. Eisen, für 240 Thlr. Kohlen, also in summa für 1200 Thlr. und da der Arbeitslohn für 10 Arbeiter etwa 600 Thlr. beträgt, so verbleibt ein Gewinn von 700 Thlr.

Der Hauptabsatz aller dieser Producte findet in die Zollvereinsstaaten statt und geschieht der Vertrieb durch die Fabrikanten selbst *).

b. Die Glasfabrikation.

Von äußerster Wichtigkeit sind die beiden Glasfabriken zu Schauenstein und Neunhütte bei Obernkirchen, wo in 8 Hütten mit 9 Oefen gearbeitet wird, und welche zusammen über 440 Arbeiter beschäftigen. Sie verfertigen nur grünes, wenig weißes Hohlglas, Bouteillen von $^1/_4 - ^1/_1$ Maas Inhalt und große umsponnene Flaschen (Carbogs Demijons) bis zu 12 Gallonen Inhalt.

*) Die Messerfabriken und Eisenhämmer haben sich seit den letzten 24 Jahren etwas gehoben. Im Jahre 1836 beschäftigten sie im Ganzen nur 105 Arbeiter, während sie jetzt 132 Arbeitern Brod geben.

Die größere der beiden Fabriken, welche die 4–5fache Ausdehnung der andern hat, arbeitet in 2 großen englischen Thürmen mit je einem Ofen, einer großen französischen Hütte mit 2 Oefen, 2 anderen Hütten mit je einem Ofen und einem Reserveofen; beschäftigt 88 Glasmacher, 12 Schürer, 20 Gemengemacher, 8 Pflüger, 30 Eintrager, 140 Korbmacher, 7 Pferdeknechte, 12 Aufseher, 18 Tagelöhner, im Ganzen 335 Mann und ein angemessenes Comptoirpersonal; verbraucht

a. Kohlen für	33,000	Thlr.
b. 3400 Ctr. Glaubersalz und Soda, 6600 Ctr. Salz, 250 Ctr. Braunstein, 22,000 Ctr. Mergel, 2800 Ctr. Scherben, 53,000 Himten Sand, 600 Fuder Lehm und Dug und einige andere Materialien, für	24,000	"
c. Korbweiden für	20,000	"
d. an Arbeitslohn	36,500	"
e. Fourage und Stroh für	8500	"
f. sonst noch	8000	"
im Ganzen	130,000	"

producirt 3,000,000 Flaschen in unzähligen Sorten englischen und französischen Façons und 250–300,000 große umflochtene Flaschen, und nimmt einen Raum von etwa 100 Casseler Ackern ein. Der Export geschieht meist in überseeische Länder *).

c. Die Schwefelholzfabrikation.

Seit 1843 besteht zu Rinteln eine Schwefelholz- und Wachszünderfabrik, welche, anfangs mit 2–3 Arbeitern

*) Diese Fabriken haben sich außerordentlich gehoben. Vor 20 Jahren beschäftigten sie zusammen nur 146 Arbeiter, erforderten eine jährliche Auslage von 45,900 Thlr. und producirten nur 65,000 große und 1,000,000 gewöhnliche Flaschen. Die Arbeiterzahl hat sich danach um das 3fache, die Auslage um das 3½fache die Production um das 4—5fache gehoben.

betrieben, jetzt deren 80—100 beschäftigt und für 30—45,000 Thlr. Producte erzielt, welche meist in außerdeutsche Länder transportirt werden, namentlich nach Holland und Belgien, theilweise jedoch auch nach Sachsen und in die Rheingegend.

Die Auslagen bestehen in:

a.	Arbeitslohn etwa	5000 Thlr.
b.	Rohmaterialen für etwa	20300 „
c.	Reisekosten, Frachten ꝛc.	2800 „

Sie würde aber ein bedeutend besseres Geschäft machen, wenn sie das nöthige Holz aus den Staatswaldungen gegen die Forsttaxe jederzeit erhalten könnte, indem sie dasselbe jetzt aus Böhmen und Thüringen beziehen und 1—1½ Thlr. per Centner Fracht zahlen muß.

d. Tabaks- und Cigarrenfabrikation.

Diese hat sich seit neuerer Zeit sehr gehoben und beschäftigt zahlreiche Arbeiter. In Rinteln, wo sie hauptsächlich besteht, existiren 2 Tabaksfabriken, welche für 36,400 Thlr. Tabak, und 6 Cigarrenfabriken, welche für mehr als 90,000 Thlr. Cigarren produciren. Alle zusammen beschäftigen 194 Arbeiter, welche jährlich über 22,000 Thlr. Arbeitslohn verdienen, und verarbeiten etwa 3000 Centner rohen Tabak im Werthe von etwa 90,000 Thlr. Die Fabrikation geschieht meist auf fremde Rechnung und geht das Fabrikat größtentheils in das Ausland.

e. Ofenfabrikation.

Seit einiger Zeit besteht auf der Eisenbahnstation Haste eine Fabrik, in welcher thönerne Oefen verfertigt werden. 10 Arbeiter fertigen deren etwa 200 Stück im Werthe von 3000 Thlr.

f. Papierfabrikation.

Die Papierfabrikation, welche vor 25 Jahren noch als erheblich in der statistischen Darstellung aufgeführt wurde, hat fast ganz aufgehört, sie beschränkt sich jetzt auf 2 Mühlen, zu Rohden und Zersen, in denen Pappe fabricirt wird. Beide Werke aber sind ohne Bedeutung.

g. Baumwollenweberei.

Ebenso hat die Baumwollenweberei, welche ehedem in einer Fabrik zu Oldendorf in ausgedehnterem Maaße betrieben wurde, fast ganz aufgehört, so daß sie einer besonderen Erwähnung kaum bedarf.

h. Ziegel- und Backsteinbrennereien.

Dergleichen existiren in der Grafschaft außer zwei ständigen und verschiedenen, nur zeitweise bestehenden, Feldbrennereien sieben: zu Westendorf, Rinteln, Fischbeck, Apelern, Kreuzriehe, Wiersen und Rösehof, welche zusammen 83 Arbeiter beschäftigen und 1,060,000 Stück Ziegeln, sowie 1,300,000 Stück Backsteine im ungefähren Werthe von 24—25,000 Thlr. verfertigen, von denen etwa der dritte Theil in das Ausland geht.

i. Branntweinbrennereien.

Im Jahre 1850 waren noch 14 Branntweinbrennereien im Betriebe, welche jedoch nur etwa 9000 Himten Halmfrüchte und 25,000 Himten Kartoffeln verbraucht und zusammen ungefähr 1300 Ohm 40—50 grädigen Branntwein producirt haben. Die Ohm kostete im Durchschnitt 13 ⅓ Thlr. Das hierzu erforderliche Feuerungsmaterial betrug 3 Klaftern Holz und 7000—8000 Balgen Steinkohlen *).

*) Im Jahre 1838 waren 28 Branntweinbrennereien im Betriebe, welche 82,800 Himten Halmfrüchte und 73,775 Himten Kartoffeln verbrauchten und 5668 Ohm Branntwein producirten. Seit dem Anschlusse der Grafschaft an den Zollverein geht die Branntweinbrennerei, welche hier unter ungünstigeren Umständen betrieben wird als im nahen Preußen, nach und nach ein. Zur Stunde sind nur noch 4 im Betriebe.

k. Bierbrauereien.

Von den 5 Bierbrauereien der Grafschaft, welche im Jahre 1859 2800—2900 Ohm Bier — ordinaires und Lagerbier — lieferten, sind besonders erwähnenswerth die zu Rodenberg und zu Rinteln. Letztere, von einem bairischen Braumeister geleitet, liefert Bier von ganz vorzüglicher Qualität, welches weithin versandt wird. Dieselben verbrauchen an Gerste etwa 7600 Himten, an Hopfen etwa 7000 Pfd. und an Kohlen 4000—4500 Balgen.

l. Essigbrauereien.

Die 4 Essigbrauereien, welche nur für den inländischen Bedarf arbeiten, sind nicht von besonderer Bedeutung.

Man ersieht aus der vorstehenden Darstellung, daß zwar der Fabrikbetrieb in der Grafschaft Schaumburg, welcher im Jahre 1838 nur etwa 380 Menschen beschäftigte, sehr an Umfang zugenommen hat, indem er jetzt gegen 900 Menschen Nahrung gibt, dennoch aber ist es wunderbar, daß er bei den in der Grafschaft bestehenden günstigen Verhältnissen noch nicht zu höherer Blüthe gelangt ist. Während die Fabrikanten nur eine im Verhältniß zum nahen Auslande geringe Steuer zahlen, während sie mittelst der die Grafschaft durchschneidenden Eisenbahn und durch die Weser, sowie durch die überall vortrefflichen Straßen die besten Verbindungen mit dem nahen und fernen Auslande haben, während ein nur geringer Lohn üblich ist und die fruchtbare und fruchtreiche Gegend die fortdauernde Möglichkeit eines nur mäßigen Arbeitslohnes bedingt, während die ausgezeichnetsten Kohlen und ein großer Holzreichthum des Landes, sowie mancherlei andere Producte die verschiedensten Vortheile sichern, sieht man überall im nahen Auslande Werke auf Werke, Fabriken auf Fabriken entstehen, in der Grafschaft nicht, oder doch nur selten — und doch bestreben sich die Verwaltungsbehörden, den Fabrikanten jeden nur möglichen Vorschub zu leisten und die Gesetzgebung Kurhessens legt, die wenigen regalen Gewerbe ausgenommen, dem Fabrikbetriebe kein Hinderniß in den Weg.

3) Der Handel.

Da der Vertrieb der verfertigten Waaren von dem Fabrikanten selbst geschieht, und der Großhandel sich auf einige wenige Häuser beschränkt, welche den An- und Verkauf von Getraide, Wolle, Leinen und Vieh (Pferde), theils auf eigne Rechnung, theils auf Commission betreiben, so verstehen wir darunter nur den Detailhandel.

In den Städten wohnen 2 Buchhändler und 63 Kaufleute, von welchen letzteren 55 ihr Gewerbe zünftig, die andern als Ausfluß der bürgerlichen Nahrung betreiben. Auf dem Lande wohnen 11 Kaufleute oder größere Krämer, welche ihr Geschäft kaufmännisch führen. Die übrigen Krämer betreiben ihr Geschäft auf Concession, namentlich die Krämer auf dem Lande, welche zugleich die Verpflichtung haben, ihre Waaren von den Kaufleuten inländischer Städte zu beziehen. Dergleichen Concessionare bestehen auf dem Lande 67, welche jetzt alle zugleich für den Handel mit Kaffee und Zucker concessionirt sind. Außerdem nähren sich noch vom Handel — Hausirhandel, Fruchthandel, Butterhandel, Wursthandel, Höckerei &c. — 25 Familien.

4) Sonstiger Erwerb.

a. Von Staats- und Gemeindediensten leben im Ganzen 446 Familien.

b. Von der Wirthschaft leben im Ganzen 137 Familien, nämlich 27 in den Städten und 110 auf dem Lande, von denen 53 s. g. Erbkrüge besitzen. Die übrigen Wirthschaften werden, soweit sie nicht dem Orte selbst zustehen, vom Staate verpachtet. 8 Wirthschaften auf dem Lande haben zugleich die Concession zum Weinschank.

c. Vom Musikspiel ernähren sich 21 Familien.

d. Näherinnen, Putzmacherinnen, Wäscherinnen ꝛc. gibt es 100.

e. Die Schiffahrt gibt 28 Familien Brod. Dem Inlande gehören 8 Weserfahrzeuge und 2 Fähren, welche solange der Wasserstand es erlaubt, durch den Transport von Steinen, Salz, Holz, Colonialwaaren, Getraide, Glas ꝛc. stets hinreichende Beschäftigung finden. Der durch die Schiffahrt erzielte Gewinn läßt sich indessen nicht berechnen, da der in den letzten Jahren sehr niedrige Wasserstand der Weser die Schiffahrt oft monatelang hemmte. Im Durchschnitt rechnete man auf jedes Schiff 6 Fahrten, doch wird sich dies nach Einführung der Schleppschiffahrt durch den Bremer Lloyd sehr mehren.

f. Von der Frachtfuhrwirthschaft nähren sich 34 Haushaltungen ausschließlich, doch treiben dieselbe noch zahlreiche Spannhalter als Nebengeschäft. Der Transport der Kohlen, der Steine, des Glases, Salzes, Getraides, Holzes und vieler anderer Stoffe erfordert ständig eine Masse von Fuhrwerk, und ist der Verdienst, namentlich seit Anlage der Kohlenwerke zu Barsinghausen im Hannoverschen, welche alle Producte zur Eisenbahnstation Haste transportiren müssen, ein außerordentlich bedeutender, zu dessen Berechnung es jedoch an allem Anhalte fehlt.

g. Als Hirten nähren sich 184 Familienväter.

h. Von sonstigen Geschäften, als Agenturen, Mäkelei, Wasenmeisterei und dergl. leben 22 Haushaltungen.

i. Fast der vierte Theil der Bevölkerung, nämlich 1874 Familien, leben vom Tagelohne. Die Mehrzahl derselben findet zwar hinlängliche Beschäftigung in der Grafschaft selbst; ein Theil aber wandert im Sommer als Grasmäher nach Holland, oder in die dänischen Ziegeleien, oder nach Hamburg ꝛc. als Bauhandwerksgehülfen, oder nach Ungarn. Ein großer Theil dieser Tagelöhner, sicherlich der dritte, besitzt übrigens ein eignes Haus und treibt nebenher auf eignem oder gepachtetem Lande etwas Landwirthschaft, mit deren Hülfe sie unter Benutzung der Gemeindehutegerechtsame oft eine Kuh, jedenfalls aber eine oder mehrere Ziegen zu halten im Stande sind. Ein gewöhnlicher Tagelöhner — Staatsholzhauer, Fabriktagelöhner rc. abgerechnet — verdient, wenn er die Kost bekommt, täglich 5, ohne Kost täglich 10 Sgr., Frauen und Kinder verhältnißmäßig weniger. Doch ist er in den Fällen, wo er in Accord arbeitet, z. B. beim Grasmähen, Getraideschneiden rc. und Holzverkleinern, bei einigem Fleiße im Stande, täglich bis zu 15 Sgr. zu verdienen.

Zum Schlusse dieses Abschnittes will ich noch eine Uebersicht über die Beschäftigungsverhältnisse der hiesigen Bevölkerung anführen, wobei ich bemerke, daß die Bevölkerungslisten über die Beschäftigung von 737 Familien keine Auskunft geben. Es sind dies theils solche, welche wirklich keinen nachweislichen Erwerb haben, theils solche, welche mit anderen Familien einen bezüglich des Erwerbs gemeinschaftlichen Haushalt führen, z. B. Leibzüchter, theils aber liegt es auch an der eigenthümlichen Begriffsbestimmung von Familie, welche verschiedener Auffassungen fähig ist.

Es ernähren sich:

1)	Vom Staats- und Gemeindedienste .	446	Familien
2)	von Renten	27	„
3)	„ der Kaufmannschaft	79	„
4)	„ sonstigem Handel	92	„
5)	„ Apothekergeschäft	6	„
6)	„ Wirthschaftsbetriebe	137	„
7)	„ Musikspiel	21	„
8)	„ Bergbau	336	„
9)	„ Fabrikbetrieb	264	„
10)	„ Landwirthschaft	1321	„
11)	„ Fuhrwesen	34	„
12)	„ Handwerken	2385	„
13)	„ der Schifffahrt	28	„
14)	„ Tagelohne	1874	„

15) als Näherinnen ꝛc.	100	Familien
16) „ Hirten	184	„
17) von sonstigen Geschäften	22	„
Summa . .	7356	„

VII.

Consumtion.

Die Consumtion zerfällt in:

A. Consumtion der Cerealien.

In der Statistik von Avenarius aus den 1830r Jahren wird diese aus dem Mahlgute der Mühlen annähernd berechnet. Dies erscheint aber jetzt unzutreffend, weil schon seit Jahren ein nicht unbedeutender Mehlhandel, sowohl aus dem Auslande in das Inland, als umgekehrt, stattfindet, der sich wiederum auf bestimmte Zahlen nicht zurückführen läßt, indem er einestheils von der jedesmaligen Arbeitsfähigkeit der inländischen, meist an kleinen, häufig wasserarmen, Bächen gelegenen Mühlen, anderntheils von den Preisen des Mehles in den einzelnen Gegenden, wohin jetzt rasche Verbindungen führen, abhängt.

Bei der gegenwärtigen Sachlage wird es am richtigsten sein, die Consumtion der Cerealien nach der Kopfzahl zu berechnen. Im Durchschnitte wird man nun annehmen können, daß jede Person 11—12 Himten jährlich an Brodfrüchten verzehrt, die gesammte Bevölkerung also jährlich gegen 410,000 Himten, von denen nach dem ungefähren Verhältnisse, in welchem Roggen, Waizen, Gerste und Hülsenfrüchte zum Backen verwandt zu werden pflegen, auf Roggen 320,000, auf Waizen 22,000, auf Gerste 60,000 und auf Hülsenfrüchte 8000 Himten werden gerechnet werden können. Zählt man die Aussaat hinzu, so ergibt sich für den Bedarf ꝛc. an Cerealien folgendes:

1) des Roggens. Die durchschnittliche Ernte beträgt . . . . 368,424 Himten

der Consum	320,000 Himten		
die Aussaat	52,632 "		
	372,632 "	372,632	"
also fehlen der Grafschaft gegen		4208	"

welche, soweit sie nicht das nahe Ausland liefert, über Bremen eingeführt zu werden pflegen, ein Resultat, welches mit allen Ermittelungen übereinstimmt.

2) des Waizens. Die durchschnittliche Ernte beträgt . . . . 122,928 Himten

der Consum	22,000 Himten		
die Aussaat	18,912 "		
	40,912 "	40,912	"
also bleibt ein Ueberschuß von		82,016	"

welcher zum Export gelangt.

3) der Gerste. Der Consum der Gerste läßt sich schwer ermitteln.

Zum Backen werden verwandt	60,000	Himten
zur Bierbrauerei	7,600	"
zur Aussaat	14,800	"
	82,400	"

und es müßten demnach, da eine mittlere Ernte über 118,000 Himten liefert, etwa 36,000 Himten übrig sein; ausgeführt wird aber keine Gerste, sondern dieser Ueberschuß wird ganz verfuttert.

4) Ebenso kann die Grafschaft keinen Hafer ausführen, der selbstgezogene reicht im Gegentheile zum Bedarfe nicht einmal aus, obgleich er die Summe von 250,000 Himten übersteigt. Da nämlich nach Abzug der Aussaat nur etwa 200,000 Himten übrig bleiben, in der Grafschaft aber 3517 Pferde gehalten werden, bei denen man auf jedes tüchtige Ackerpferd allein 120 Himten mindestens

rechnen muß, so müßte noch eine bedeutende Quantität Hafer eingeführt werden, wenn es hier nicht Sitte wäre, viele Gerste und Hülsenfrüchte mit den Pferden zu futtern, und wenn ferner die Hute, namentlich die Waldhute, die Ersparung von Hafer nicht ermöglichte. Deshalb ist auch

5) eine nennenswerthe Ausfuhr von Hülsenfrüchten nur in recht guten Jahren möglich. Erbsen und Linsen werden überhaupt nur wenig gezogen, und Bohnen und Wicken meist nur als Futter für Pferde und Schafe. Aus dem Amte Rodenberg findet jedoch einige Ausfuhr Statt.

6) Die Futterkräuter reichen nämlich, obgleich der vierzehnte Theil der Flur mit ihnen bestellt ist, ebenwohl nur sehr spärlich zur Deckung des Bedarfes hin *), weil einestheils der Viehstand sehr bedeutend und anderntheils

7) die Production von Heu und Grummet eine sehr geringe und bei weitem nicht ausreichende ist.

8) Der Kartoffelbau, welcher seit dem Jahre 1850 wegen der unaufhörlichen Mißernten dieser Fruchtgattung sehr nachgelassen hatte, hebt sich neuerlich wieder und liefert, da eine mittlere Ernte etwa 554,000 Himt.

ergibt, die Aussaat aber nur	100,000 Himt.		
erfordert und der gesammte Verbrauch in etwa . . .	400,000 „		
(50 - 60 Himten die Haushaltung) besteht,			
	500,000 „	500,000 „	
immer noch einen Ueberschuß von . . .		54,000 „	

welcher, soweit er nicht in den Branntweinbrennereien verbraucht wird, zur Ausfuhr gelangt.

Was von diesen Artikeln entbehrlich ist und nicht in das unmittelbar anstoßende Ausland verführt wird, geht entweder auf der Weser oder auf der Eisenbahn in die Seestädte,

*) Kleesamen wird meistentheils eingeführt.

um von da nach England und weiter versandt zu werden. Einige Großhändler, welche sich mit diesem Geschäft befassen, wohnen in der Grafschaft, klagen aber seit neuerer Zeit über Flauheit des Handels.

B. Fleischconsumtion.

Die Fleischconsumtion zu bestimmen, ist äußerst schwierig, weil hier ganz andere Verhältnissen herrschen, als anderwärts. Der Schaumburger Bauer schlachtet selbst sehr bedeutend ein, es werden fast die sämmtlichen Schweine, wie oben angegeben, über 8000 Stück, in der Grafschaft selbst geschlachtet, und wenn auch ein bedeutender Theil des Erträgnisses durch Ausfuhr von Wurst, Schinken und Speck wieder abgeht, so beschränkt sich doch, da viele Landhaushaltungen auch Kühe, Kälber und Hämmel selbst einschlachten und es Sitte ist, unglaublich viele Eier zu verzehren, der Genuß von frischem Fleische Seitens der Landleute auf ein sehr Weniges. Die städtischen Metzger sind fast allein auf die Städtebewohner angewiesen. Doch auch diese kaufen viel geräuchertes Schweinefleisch von den Bauern und beziehen noch viel Fleisch von außen, namentlich von Bückeburg, Minden und Hannover, wie denn z. B. der Brunnenwirth zu Nenndorf während der Badezeit seinen ganzen Fleischbedarf von Hannover und Braunschweig kommen läßt.

Es ist demnach die Uebersicht über das in den Städten geschlachtete Vieh für die Fleischconsumtion durchaus nicht maßgebend und wird nur der Vollständigkeit wegen mitaufgeführt. Die Metzger zu Rinteln schlachteten im Jahre 1859 34 Ochsen, 117 Kühe, 40 Rinder, 216 Schweine, 447 Hämmel, 82 Schafe und 1134 Kälber, wonach in der gesammten Grafschaft etwa 110 Ochsen, 400 Kühe, 140 Rinder, 700 Schweine, 1500 Hämmel, 250 Schafe und 3600—4000 Kälber geschlachtet sein mögen. Die auffallend geringe Zahl der geschlachteten Ochsen, unter denen noch viele Bullen sind, was namentlich den Consumenten sehr fühlbar wird, erklärt sich daraus, daß einestheils die Landleute gar keine Ochsen halten und anderntheils die Brennereien im Betriebe bedeutend nachgelassen haben.

Noch möge unter diesem Titel der nicht unbeträchtliche Verbrauch an Butter erwähnt werden. Rechnet man aber auch den Verbrauch für den Kopf auf jährlich 11 Pfd., also im Ganzen auf 380,000 Pfd., so verbleibt, da über 7000 milchende Kühe gehalten werden und man für das Stück, nach Abzug der sonst verbrauchten Milch, jährlich 70 Pfd. Butter Erträgniß anzunehmen pflegt, noch ein Ueberschuß von mehr als 1000 Centnern, welcher, von zahlreichen Küpenträgern aufgekauft, meist in die norddeutschen großen Städte ꝛc. wandert.

Die Production an Eiern, so unglaublich groß sie auch ist, da die Hühner in den Wohnhäusern untergebracht sind und sehr lange legen, verbleibt dagegen, da die Eier bei den Landleuten großentheils die Stelle des frischen Fleisches vertreten, meist dem Inlande. Ebenso der gewonnene Honig, welcher vielfach statt des Zuckers benutzt wird.

Das ziemlich zahlreiche Wildpret bildet einen nicht unbeträchtlichen Ausfuhrartikel in die benachbarten Bäder und Städte, und wird daher nur zu etwa $^{3}/_{4}$ des Jagdertrages im Inlande genossen. Fische werden nicht ausgeführt, sondern die gewonnenen alle im Inlande verzehrt.

C. Consumtion an Kohlen und Holz.

Das Bedürfniß an Kohlen und Holz wird fast ganz vom Inlande gedeckt, welches sogar noch einen beträchtlichen Ueberschuß liefert. Kohlen werden zwar in den, in der Nähe der hannoverschen Bergwerke Münder und Barsinghausen gelegenen Orte theilweise eingeführt, diese Einfuhr erreicht aber nicht den 50. Theil der Ausfuhr. Und ebenso übersteigt die Ausfuhr an Holz aus den Staats- und Privatwaldungen bei weitem denjenigen Betrag, welcher zu Bauten und als Werkholz aus dem Thüringer Walde und vom Harze eingeführt wird. Die Ausfuhr des Holzes wird sich aber voraussichtlich in den kommenden Jahren noch beträchtlich erhöhen, da dessen immer steigende Preise der Kohlenfeuerung, welche sich fast nur auf die Gewerke und die städtischen Haushaltungen beschränkt, mehr und mehr Eingang verschaffen.

D. Salzconsumtion.

An Salz werden in der Grafschaft 8000—10,000 Centner verbraucht.

E. Consumtion von Getränken.

Der Consum an Branntwein ist ein äußerst bedeutender. Das Inland vermag ihn nicht zu decken und es wird deshalb noch viel aus dem Auslande eingeführt. In den 1830r Jahren berechnete sich der Consum auf 51 Maas für den Kopf der männlichen Bevölkerung über 14 Jahren, und der Genuß des Branntweins hat leider eher zu als abgenommen, nur daß er jetzt weniger im Wirthshause als im eignen Hause stattfindet. Man kann den Verbrauch ohne Uebertreibung auf jährlich mehr als 6000 Ohm anschlagen.

Der Consum an Bier steht etwa der inländischen Production gleich, beträgt demnach etwa 2800 Ohm. Die Brauerei zu Rinteln versendet zwar sehr viel Bier in das Ausland, aber es wird auch ungefähr ein gleiches Quantum aus dem Auslande eingeführt. Das Rintelnsche Bier soll wegen seiner Güte im Auslande vielfach als bairisches Bier verstellt werden.

Der Weinkonsum läßt sich nicht leicht beurtheilen, weil er viel von Privaten aus dem Zollvereinsinlande bezogen wird, doch ist er ebenfalls nicht unbeträchtlich, da auch das weintrinkende Publikum selten über Mangel an Durst Klagen laut werden läßt. Derselbe wird immer 500—1000 Ohm betragen.

F. Consum an Colonialwaaren.

Dieser, sowie

G. Der Consum an Mannfakturen.

ist unmöglich zu ermitteln, da nicht einmal die von allen Handlungen der Grafschaft verkauften Quantitäten mit dem wirklichen Verbrauche übereinstimmen werden, weil viele Producte dieser Art unmittelbar aus dem Auslande von den Consumenten bezogen werden. Erwähnenswerth ist nur der sehr umfangreiche Leinenverbrauch, der sich ungefähr folgendermaßen annähernd berechnen läßt. Es ist hier Sitte, daß ein Knecht an Leinen (und Leinsaat) etwa 40 bis 50 Ellen, eine Magd 20 bis 25 Ellen erhält. Da nun diese gewiß nicht mehr brauchen, als selbständige Personen, so möchte jene Summe das Minimum für den Verbrauch einer einzelnen Person bilden, die Summe des verbrauchten Hausmacherleinens also mindestens 1,000,000 Ellen im Werthe von 150,000—200,000 Thlr. betragen. In dem größten Theile der Grafschaft verbrauchen nämlich die Bauern noch viel Leinen zu den Kleidern.

VIII.

Schluß.

Zum Schlusse soll hier noch eine Uebersicht über die Einnahmen, welche der Staat unmittelbar aus der Grafschaft bezieht, und über die Ausgaben, welche er unmittelbar für sie bestreitet, nachfolgen:

A. Einnahme.

	Thlr.	Sgr.	Hlr.
1) Die Steuern *) betragen	48014	11	2
2) Die Domanialeinkünfte **) . . .	34846	25	11
3) Die Einnahmen von den Forsten ***)	32688	17	10
4) " " " " Jagden .	651	13	6
5) " " " " Fischereien	38	—	6
6) Die Nettoeinnahme der Bergwerke .	124000	—	—
7) " " " Salzwerke †)	44465	—	—
8) Vom Capitalvermögen des Staates ††)	108	11	—
9) Vom Landgestüte	360	—	—
10) Zölle und indirekte Abgaben, einschl. Stempel . . . . etwa	42000	—	—
11) Einnahme von der Eisenbahn . .	67805	28	6
12) Wege- und Brückengelder . . .	3403	2	1
13) Insgemein, als Concessionszinsen, Hundesteuern, Wirthschaftspachtgelder 2c.	9432	17	11
Summa . .	407814	8	5

---

*) Die Steuern betrugen in 1838 nur 34,100 Thlr., haben sich also um 14,000 Thlr. vermehrt.

**) Die Domanialeinkünfte 2c. betrugen zwar im Jahre 1838 67,469 Thlr. 4 Sgr. 3 Hlr., also fast 35,000 Thlr. mehr, es kommt dies aber von den Ablösungen her, durch welche die betreffenden Einnahmen unter andere Titel versetzt worden sind.

***) Die Forsten brachten in 1838 nur 14,600 Thlr. auf, also 18,000 Thlr. weniger als jetzt.

†) Die Einnahme der Salz- und Bergwerke hat sich in den letzten 20 Jahren am bedeutendsten gehoben, jene um 366%, diese um 288%.

††) Die Zinsen der dem Staate gehörenden Ablösungskapitalien sind natürlich hierunter nicht begriffen, indem diese von der Hauptstaatskasse unmittelbar erhoben werden.

B. Ausgabe.

Die hauptsächlichsten Ausgaben betrugen:

	Thlr.	Sgr.	Hlr.
1) Für die Justizverwaltung	9457	3	6
2) Für die innere Landesverwaltung . .	23226	12	9
3) Für die Finanzverwaltung	22875	27	6
4) Für Pensionen und Unterstützungen .	9063	26	11
5) Insgemein	29373	—	—
Summa . .	93001	10	8

Sonach fließt ein Ueberschuß von etwa 314,000 Thlr. nach Cassel, welcher zur Bestreitung allgemeiner Landesverwaltungskosten bestimmt ist.